PENTRU
FAMILIA
MEA

Redactare: Diana Colțan
Tehnoredactare: Alexandru Neculai

E-mail: Books@RevistaBiz.ro.
ISBN: 978-606-95413-1-9

Această carte **nu ar fi trebuit** să fie scrisă de mine

DE DIANA COSMIN

DACĂ VIAȚA N-AR AVEA UN TERIBIL SIMȚ al umorului și o plăcere perversă de a ne da cu certitudinile peste ochi, numele Martei Ușurelu și al meu ar fi rămas pentru totdeauna pe rafturi diferite în librărie, concurând pentru atenția celui care citește acum aceste pagini.

Primii mei zece ani de presă i-am petrecut în postura de competiție directă a Martei, ca jurnalist la Forbes, principala publicație concurentă a revistei Biz.

Asta mi-a oferit statutul privilegiat de „documentarist neoficial" al vieții Martei, fiindcă o parte esențială din activitatea mea lunară a constituit-o, aproape un deceniu, să fiu la curent cu fiecare pas al ei. Și, credeți-mă, e tare greu să ții pasul cu Marta.

Nu o cunoșteam, dar mă enervau la culme ideile ei îndrăznețe de copertă și proiectele speciale care inițial mi se păreau nebunești sau șocante, după care îmi era ciudă că nu le făcusem eu.

Nu o cunoșteam, dar mă enerva la culme că era deșteaptă, că îndrăznea mult, că nu-i era teamă de greșeli și că părea să nu obosească niciodată.

Dar cel mai tare mă enerva faptul că nu aveam voie să-mi placă de ea.

Nu-mi dădeam voie s-o plac pentru că ea reprezenta concurența, iar lumea în care trăim ne învață de timpuriu că în vârf nu e loc decât pentru unul singur. Ca femei, învățăm chiar mai devreme că prima noastră redută de înfrânt sunt celelalte femei.

Deprindem atâtea lucruri strâmbe și anapoda atât de repede în viață încât nu-i de mirare că viața însăși simte uneori nevoia să intervină.

La două luni după ce nu am mai fost „concurența" Martei Ușurelu, ci un simplu antreprenor cu un blog, mi-am dat voie pentru prima oară să-mi placă de ea. Eram liberă și un pic mai înțeleaptă decât în urmă cu un deceniu, iar înțelepciunea înseamnă câteodată să devii suficient de deștept cât să înțelegi când ai fost prost.

Am postat în feedul meu de Facebook o copertă a revistei Biz, mai exact Biz Franţa, cu Turnul Eiffel desenat în variantă 3D, astfel încât, dacă priveai dintr-un anumit unghi, aveai impresia că turnul îţi răsare pe birou. Atunci am spus, pentru prima oară, ceea ce îmi stătuse pe limbă în fiecare lună în din ultimii zece ani. „Bravo, revista Biz, pentru o idee extraordinară!"

Atunci am început pentru prima oară să vorbim cu adevărat.

Ulterior, povestea Martei a fost unul dintre primele interviuri scrise pe blogul meu, iar ea a fost deschisă şi mi-a povestit – fără menajamente şi fără „off the record" – despre toate lucrurile pe care oamenii se feresc de obicei să le spună. Despre greşeli, despre momente grele din viaţă, despre relaţiile dificile cu partenerii de business.

Categoric această carte n-ar fi trebuit să fie scrisă de mine, dar faptul că numele meu se regăseşte pe ea este o dovadă în plus, pe lângă toate cele pe care le veţi găsi din plin în povestea Martei, că viaţa nu e despre clişee, tipare şi convingeri bătute în cuie. Din contră, e un proces succesiv de construcţie şi de demolare.

Cu o mână ne construim propria persoană şi cu alta dărâmăm construcţiile strâmbe pe care le-au zidit în jurul nostru societatea, anturajul, lumea.

Ideea că o femeie poate scrie povestea unei alte femei care i-a fost multă vreme „concurenţă" este un astfel de zid. Un zid fals, şubred, căruia, la o privire atentă, e suficient să-i dai un ghiont şi cade.

Această carte este povestea reală, necosmetizată și brutal de sinceră a unei femei antreprenor care și-a construit singură drumul, cultivând în jurul ei echipe, oameni și oportunități. E o poveste în care se spun și lucruri incomode, în care cititorul va sta cu inima strânsă la unele pagini sau se va revolta la altele, pentru că aude adevăruri pe care nu e pregătit să le accepte.

În momentul în care am ales să scriem împreună această carte, Marta și cu mine am decis că povestea trebuie spusă așa cum a fost, exact cum s-a întâmplat și cu încărcătura reală a fiecărui moment în parte.

Ca și cum am scrie pentru antreprenoarea Marta Ușurelu de acum 13 ani, cea care și-a luat deciziile prin fler și îndrăzneală, dar care ar fi avut nevoie poate de un model în carne și oase, de un exemplu de antreprenor obișnuit, fără relații, fără pile, fără rudenii privilegiate.

Deși este povestea „Martei de la Biz", aceasta nu e o carte prin care vrem să convingem oamenii că trebuie să le placă de Marta, nici nu este o poveste rostită de pe un soclu al autosuficienței. Este doar o poveste scrisă, de la primul la ultimul rând, cu scopul de a da mai departe experiența reală a unei femei-antreprenor care a reușit să construiască un business în România unei tranziții fără sfârșit.

Marta merge mai departe

CÂND A INTRAT PENTRU A DOUA OARĂ ÎN spital în doar cinci ani, Marta a decis, fără drept de apel, că se află acolo ca să trăiască.

Pentru mulți oameni cu trecutul ei, a doua afecțiune malignă ar fi fost un semnal de alarmă, o luminiță roșie care pâlpâie ca s-o avertizeze că e ceva profund în neregulă cu ea.

Pentru Marta, ziua celei de-a doua operații majore din viața ei a fost doar încă o zi bună de trăit. Așa a simțit-o, iar ea a simțit mereu când e de bine și când e de rău.

Când se duce undeva și nu-i place, Marta pleacă.

Când e un om care nu-i pe unda ei, Marta se scuză și se sustrage discret.

Dacă e un loc în care nu se simte în largul ei, Marta își ia la revedere.

Nu fuge, alege.

Din acea cameră de spital nu putea să plece, dar putea să aleagă, aşa că a ales singura variantă pe care o luase vreodată în considerare. Să trăiască.

Era a doua oară când alegea viaţa, iar de data asta viaţa ei conţinea un business care atârna de un fir de aţă, un colectiv de peste zece oameni care depindeau complet de ea şi un copil de nici doi ani. Un cancer de col nu mai avea loc într-o astfel de viaţă, deci trebuia să dispară.

Prima dată când Marta alesese viaţa, cu trei ani în urmă, avea doar 31 de ani şi „respira ciudat", aşa că medicul de familie a trimis-o la o radiografie. "Domnul profesor" pe care l-a aşteptat o oră pe hol după investigaţie i-a dat vestea că are o tumoră de un kilogram şi jumătate pe plămânul drept. Mai mare decât inima şi periculos de aproape de ea.

Şi-a petrecut următoarele săptămâni între redacţie şi holurile tuturor spitalelor unde auzea că mai există câte un medic bun, dar de unde pleca mereu dezamăgită. Căuta explicaţii şi speranţă, dar găsea numai medici care vorbeau despre ea, de faţă cu ea, ca şi cum nu s-ar fi aflat acolo. „Păi dacă o deschid şi moare pe masa de operaţie?", „Eu intru cu ea în sală, dar dacă nu se mai trezeşte?", „O operez, dar dacă o să moară asfixiată în blocul operator?"

Când e un om care nu-i place, Marta nu tace, aşa că avea curajul să dea replici la care niciunul dintre dumnezeii în halat alb nu s-ar fi aşteptat. „Hei, sunt şi eu aici! Cum adică să nu mă mai trezesc? Poate nu eşti tu un chirurg suficient de bun. O să găsesc altul!"

Când e un om care nu-i place, Marta caută până găseşte altul. Nu şi-a dorit un medic care s-o ţină de mână, ci doar un medic care să-i ofere o perspectivă onestă asupra problemei ei, dar a găsit unul care chiar a ţinut-o de mână până în sala de operaţii, chirurgul Marius Paraschiv de la spitalul Bagdasar-Arseni. Ca să-i dea încredere.

A fost şi singurul care i-a spus adevărul: că radiografia e vagă, că el ştie cam ce ar fi de rezolvat, dar că unica soluţie raţională este s-o deschidă, să vadă ce se află acolo şi să acţioneze la faţa locului. Până la operaţie, nimeni nu poate oferi decât pronosticuri.

Asta era tot ce îşi dorise Marta: nu voia promisiuni, voia doar un medic care să-şi asume până la capăt o opinie.

Tocmai de asta, când i s-a spus – a doua oară în cinci ani – că are o problemă şi că e cancer, Marta nu a avut timp de întrebări existenţiale şi de „De ce eu?". A preluat situaţia în stilul ei adaptiv: avem problema asta, cum o rezolvăm şi cum scăpăm de ea?

Dacă tumora fusese anunţată de o respiraţie mai anevoioasă, cancerul n-a dat niciun semn, doar şi-a iţit contururile hâde la o analiză de rutină. Pe Marta n-o durea nimic, nu avea nicio bănuială că ar fi ceva în neregulă cu ea, dar în momentul în care medicul te invită în cabinet şi îţi vorbeşte de histerectomie totală, ştii că e ceva foarte în neregulă.

Având experienţa tumorii de pe plămân, a trecut cu ceva mai multă detaşare pe la vreo şapte medici cu care nu a avut niciun dram de chimie. Sigur nu cât să-şi lase viaţa pe mâna lor, pentru că niciunul nu vorbea despre o femeie şi organele ei reproductive, ci doar despre un corp din care „scoatem, curăţăm, tăiem".

În cele din urmă, la sfatul unei prietene, a plecat într-un city break la Viena cu soţul şi băieţelul ei, pentru a cere şi de acolo o părere. Fără să spună nimănui şi cu atât mai puţin părinţilor ei, care n-ar fi putut suporta o astfel de veste, din nou. Pentru toţi cei apropiaţi, ea se afla într-o vacanţă în Austria.

Primul semn bun, aşa cum şi-l aminteşte, este că medicul austriac i-a poftit în cabinet pe toţi trei – pe ea, pe Cristi, soţul ei, şi pe micuţul Nicolas – şi a vorbit deschis despre toate variantele posibile.

Şi-a pus întrebări, a ridicat dubii şi s-a comportat într-un mod pe care Marta nu-l prea întâlnise în parcursul ei de pacient: ca şi cum corpul ei ar trebui tratat cu respect şi grijă.

Era o abordare radical diferită de lejeritatea cu care medicii din România îi vorbiseră despre corpul ei de parcă ar fi fost o maşinărie cu piese stricate, bune de tăiat şi de aruncat. În ţară, corpul ei de femeie nu contase câtuşi de puţin.

Acel medic oncolog a trimis-o la un alt medic, ginecolog, pentru un set de analize amănunţite, iar în urma lor totul a fost mai clar. I s-a oferit o variantă mult mai puţin invazivă decât tot ce auzise până atunci. Nu histerectomie totală, ci doar înlăturarea unei bucăţi din col. Pentru Marta, a fost semnalul de speranţă de care avea nevoie: dacă tăiem doar puţin, înseamnă că nu e atât de grav.

Au tăiat puțin, iar după o săptămână au venit rezulta-
tele biopsiei: marginea de siguranță nu era suficient de
sigură, așa că mai era nevoie de o intervenție. Apoi de
încă una.

La a doua intervenție suplimentară pe col, și-a dat pen-
tru prima dată voie să se gândească, măcar ca scenariu
absurd, că ar putea să moară. Și-a făcut un plan rapid în
minte, apoi a revenit în unicul scenariu pentru care se
pregătise: că o să fie bine.

Totul se întâmpla în 2009, în plină criză economică,
iar Marta tocmai preluase revista Biz, care la momen-
tul respectiv era o gaură neagră de datorii. Realist, nu-și
permitea nici măcar operația la Viena, fiindcă suma de
5.000 de euro părea imensă. Totuși, s-a împrumutat de
la prieteni și s-a dus.

În stilul ei caracteristic, când a ajuns acolo a început să
întrebe despre sumă și așa a aflat că în cei 5.000 de euro
intrau o rezervă privată, un masaj de relaxare înainte de
operație și alte servicii extra. Când le-a spus că nu are ne-
voie de rezervă privată, nici de masaj, nici de alte artificii,
suma a scăzut la 3.500 de euro.

Din toate motivele de mai sus, orice moment în care un
medic nou o cunoaște pe Marta este o experiență pe care
respectivul nu o va uita prea curând. Ultima de acest tip a
fost cu un medic de medicina muncii, venit pentru vizita
anuală în redacția Biz:

— Și cum stați cu sănătatea?

— Sunt foarte bine, nu am nicio problemă.

— Istoria medicală?

— Ah da, ar fi o tumoră la plămân, un cancer de col uterin cu un total de trei operații.

— Păi și cum adică sunteți foarte bine?

— Da, nu am nicio problemă.

Arta de a te adapta la viață

MARTA S-A NĂSCUT ÎN SATUL CRÂNGURI, comuna Singureni, la 36 de kilometri de București.

S-a născut acasă, de 1 decembrie, și, pentru că zăpada era foarte mare în acea iarnă, până când tatăl ei s-a dus, pe jos, să aducă moașa, Marta se grăbise deja să vină pe lume.

Se spune că numele pecetluiește destinul omului, iar ea și l-a ales tot singură, pentru că mama ei a visat, când era însărcinată, numele MARTA.

Nu cunoștea pe nimeni pe care să-l cheme astfel, nu era un nume convențional în România anilor '70 și aproape toată familia era contrariată, dar Maricela Ușurelu a stăruit în decizia ei. Până la urmă a fost numită Marta Maria și a rămas, pentru toată lumea, Marta.

Marta a crescut la țară, într-un univers pe care generațiile de azi îl vor înțelege doar din cărți.

Mergea în căruță cu cal, activitățile ei de vară erau culesul viei sau al porumbului, iar animalele din ogradă îi erau cei mai buni prieteni. Gheorghiță, calul familiei Ușurelu, a trăit 43 de ani, iar moartea lui a fost o dramă, la fel ca trecerea oricărei alte rude.

Poate și de asta, Marta are o relație specială cu animalele și este genul de om care și-ar da ultima bucată din farfurie unui animal. La una dintre întâlnirile noastre pentru documentarea cărții mi-a spus de la început că nu știe dacă va putea să vorbească, fiindcă tocmai încercase în acea dimineață să salveze un pisoi călcat de mașină și fusese prea târziu. De altfel mascota revistei Biz și un membru cu drepturi depline al redacției este tot un pisoi salvat, botezat sugestiv Bizou.

Multe povești cu antreprenori încep idilic, cu viziuni de business din fragedă pruncie și cu instincte antreprenoriale manifestate înainte de vreme.

Marta Ușurelu nu și-a dorit să fie nici antreprenor, nici jurnalist, ci arheolog și profesor de istorie, dar, ulterior, s-a dus spre filosofie. Ultima parte era cât pe ce să-i iasă, pentru că a terminat Facultatea de Filosofie și, dacă n-ar fi intervenit marile ghinioane ale vieții ei, acum putea să fie un pedagog neconvențional pe undeva, un fel de Socrate din „Liceenii", în variantă modernă.

Tot ceea ce este Marta azi se datorează unui șirag de lucruri pe care nu le-a putut controla, pe care unii le-ar numi chiar așa – ghinioane – dar la care s-a adaptat. Spiritul de antreprenor, simțul comerciantului, toate astea au venit de nevoie, ca o formă de adaptare la ceea ce i-a aruncat viața în cale.

Când avea șapte-opt ani, pentru că tatăl ei și bunica vindeau legume în piața Progresul din București, Marta, copilul mai mare, a devenit vânzătoarea de facto. Era prietenă cu toată lumea, toți piețarii îi purtau de grijă și ferească sfântul să fi încercat vreun client s-o înșele pe micuța Marta. Când le povestește prietenilor de aceeași vârstă, orășeni get-beget, tuturor li se pare de neconceput ca un copil să vândă în piață, dar pentru Marta a fost realitatea vieții, cu care s-a obișnuit și care i-a și plăcut.

După revoluție, părinții ei au decis, în efuziunea de după '89, să se privatizeze, adică să-și deschidă un business de proximitate, într-o casă pe colț, în zona Șoselei Giurgiului.

Pe hârtie, părea o afacere care nu putea da greș: tatăl ei cunoștea pe cineva la fabrica de pâine Berceni și putea cumpăra marfa cu plata după vânzare, un unchi avea o casă pe colț cu o cameră de închiriat în față, iar camera dădea către stația de autobuz de unde se pleca spre Giurgiu.

În realitate, lucrurile arătau cu totul diferit. În primul rând, soții Ușurelu fuseseră întotdeauna oameni muncitori și capabili pe domeniile lor – mama Martei era contabilă, iar tatăl lucrase toată viața în aprovizionare la Energoreparații și la Institutul Național de Motoare Termice – dar nu aveau simțul afacerilor și nici mentalitatea de „patron" a celor care făceau bani în anii '90.

Casa ideală de pe colț era situată și ea într-o zonă cu vecinătate complicată, iar după ce au fost furați, succesiv, de un șirag de vânzători, furnizori și hoți neidentificați de poliție, un incendiu – stârnit de o mână criminală, după constatările Poliției – a pus într-un final capac micului business.

Ca să reducă din paguba financiară a familiei dar și a celui care le închiriase casa distrusă în incendiu, familia Ușurelu s-a împrumutat la bancă, dar totul a mers din rău în mai rău până când au pierdut totul, inclusiv apartamentul familiei, pus ca garanție. Din acel moment, a început o spirală descendentă: doi oameni, două fiice adolescente și 15 chirii diferite, dintr-o parte într-alta a Bucureștiului.

Momentul în care familia a rămas fără un acoperiș deasupra capului este momentul precis în care Marta a devenit om mare. Avea puțin peste 17 ani, dar era bătăioasă și, chiar dacă n-ar recunoaște asta răspicat, a fost cea care și-a luat ca responsabilitate a vieții ei să remedieze situația.

Din acel moment, toate visurile adolescenței s-au topit într-unul singur: să facă bani și să-și cumpere o casă din care familia ei să nu mai fie nevoită să plece niciodată.

În timp ce alți colegi erau preocupați de petreceri, distracție și iubiri văratice, viața Martei se împărțea, într-o disciplină autoimpusă, între școală și muncă.

Își găsise job înainte de a împlini 18 ani, iar majoratul l-a sărbătorit în colectivul publicației la care lucra deja: Vocea României, un ziar foarte citit în perioada guvernului lui Nicolae Văcăroiu. Era anul 1992.

A ajuns acolo, împreună cu colegii ei, ca să facă o săptămână de practică. A fost numită șef de echipă din prima zi și angajată cu acte imediat după prima săptămână. Marta avea încă de atunci un magnetism pe care îl înțeleg toți cei care au cunoscut-o vreodată.

Dacă alți studenți stăruiau în ușă, așteptând să fie invitați înăuntru, Marta dădea ușa de perete și, cu un zâmbet larg, spunea cine este, de la ce facultate vine și cine a trimis-o și întreba ce poate începe să facă chiar acum. Sau, cum glumesc acum colegii ei de la Biz, la Marta totul e cu „Hai, hai, hai mai repede".

Când apare un om energic, vizibil dispus să facă mult, repede și bine, ceilalți oameni îl recunosc ca lider informal. Pentru că era un astfel de om, Marta a fost mereu pusă în postura de a face echipe, de a lua decizii, de a-și asuma responsabilități mai mari decât vârsta sau poziția ei. Rolul i s-a potrivit perfect, dar nu și-a dorit asta neapărat, doar a fost omul potrivit la locul potrivit. Când îi spun că era lider încă de pe-atunci, Marta îmi răspunde că era doar un om mai voluntar decât alții. I se pare o impostură să vorbească despre ea ca despre un lider, ceea ce e primul semn al liderului: adevărații impostori n-au nicio problemă să vorbească elogios despre propria persoană.

Cunoscând-o pe Marta de acum, e greu de crezut că ar fi putut alege o carieră care să înceapă cu Facultatea de Filosofie, tărâmul teoreticului și al abstractului. A fost o alegere făcută cu mintea de atunci, fără niciun ghidaj din exterior și fără să se consulte cu nimeni. Era probabil ultima facultate care i-ar fi potrivit unui spirit bătăios și eminamente concret cum era ea, dar așa s-a gândit atunci și i s-a părut o alegere suficient de bună.

Un noroc singular printre ghinioanele de la acea vreme a fost faptul că studenții la Filosofie făceau practică în presă și așa a ajuns prima oară în postura de jurnalist, care i s-a potrivit perfect. Chiar dacă pornise într-o direcție nepotrivită, destinul a ajustat cursul și a adus-o unde îi era locul.

Își amintește cum un alt coleg cu care venise în același timp la ziar a renunțat după o săptămână de lucrat în ritmul nebun al presei nouăzeciste, spunându-i că „hăituiala asta, alergătura asta de dimineață până seara, asta nu e viață".

Pentru Marta, în schimb, era exact genul de viață care i se potrivea.

În fiecare zi, ajungea la redacție trecând mai întâi pe la Poliție și pe la Primărie, ca să afle noutățile pentru rubrica Ultima oră din ziar. După primele săptămâni învățase pe toată lumea din instituții, toată lumea o cunoștea pe ea și nimeni nu-i putea spune nu, fiindcă, în cazul unui refuz, revenea și a doua, a treia și a zecea oară, cu aceeași seninătate și cu un zâmbet larg: „Bună ziuaaa, am venit din nou".

Prima lecție pe care și-o însușise ca jurnalist de facto, de la unul dintre șefii ei de la Vocea României, fusese principiul fundamental al omului de presă: dacă te dă cineva afară pe ușă, a doua oară nu mai bați la ușă, intri peste el pe geam.

Marta s-a dovedit a fi olimpică la acest capitol, pentru că reușea să fie persuasivă fără să fie insistentă și dezarma oamenii cu abilitatea ei infinită de a gestiona refuzuri. Nu le lua niciodată personal, nu se simțea înfrântă, ba chiar a doua oară venea și mai hotărâtă să obțină informația dorită.

În continuare, oamenii care o plac cel mai mult tocmai pentru asta o plac, pentru această exuberanță cu care susține lucrurile în care crede sau pe care și le dorește. A avut cel mai mult de câştigat cu asta, dar în acelaşi timp şi-a asumat că – tot de asta – unii oameni nu vor rezona cu ea niciodată. Pe unii îi câştigi, pe alţii îi pierzi, asta este. Ca reporter începător, stilul ei imun la refuzuri era o armă imbatabilă, la fel ca şi spiritul justiţiar.

Mai mult decât orice pe lume, Marta urăşte nedreptatea, ideea de rău făcut gratuit şi lucrurile obiectiv incorecte, nemeritate. Aşa au venit şi primele ei articole de prima pagină.

Într-una dintre zile, venea la redacţie cu autobuzul şi a observat cum, în dreptul staţiei Apărătorii Patriei, se făcuse pe trotuar o piaţă ambulantă. Practic, pâinea se vindea direct pe trotuar în intersecţie, „asezonată" cu gazele de eşapament ale maşinilor. I s-a părut revoltător că oamenii ajung să cumpere pâine cu un strat de praf pe ea și a scris despre asta. Articolul s-a numit „Pâinea noastră cea de toate zilele".

Au fost multe astfel de observații și constatări zilnice care au devenit materiale de ziar, pentru că Marta și-a descoperit în ea un instinct neștiut de jurnalist. Chiar dacă nu avea studii de profil, avea curiozitatea de a observa amănunte, de a pune întrebări, de a chestiona de ce se întâmplă un anumit lucru. Iar dacă i se părea ceva nedrept sau revoltător, atunci era în stare să meargă până în pânzele albe. Totul până la nedreptate.

Viața ei se împărțea între facultate și job, iar anii '90 sunt perioada care a marcat începutul conceptului de „workaholic" în România, cu lucrat până târziu în noapte și cu glorificarea anulării oricărei limite dintre viață și job. Totuși, Marta își amintește că reușea să se organizeze suficient de bine cât să plece exact la sfârșitul programului. A făcut și nopți albe în redacție, dar ele nu erau regula, ci excepția.

Chiar și în prezent, se trezește devreme și lucrează la foc automat în primele ore ale zilei, astfel încât până la prânz aproape că a terminat toate lucrurile urgente de pe ordinea de zi.

Este principalul motiv pentru care reușește să facă atâtea lucruri simultan – revistă, proiecte speciale, evenimente, călătorii – și cel mai simplu „secret" de productivitate pe care și l-ar imagina cei din jur.

Pur și simplu Marta este un om extrem de organizat și care, atunci când se așază să facă un lucru, îl face repede, bine şi fără întreruperi. Este rezultatul anilor în care a făcut mult, repede şi de una singură, iar după ce termina totul se prezenta la biroul redactorului-şef să întrebe: „Bun… şi eu acum ce mai fac?".

Marta despre

Conceptul de **noroc** și **ghinion**

CÂND NU IESE UN BUSINESS, MULȚI SPUN CĂ AU AVUT GHINION. Și sunt împăcați cu această explicație simplistă a nereușitei. Am considerat mereu că aceasta e calea cea mai ușoară de a renunța. De ce? Teoria mea e simplă: ai o idee, încerci s-o pui în practică și, dacă nu iese, ai avut ghinion.

Nu poți să nu te întrebi: nu e mai mult decât atât? **Eu nu am lăsat niciodată un business la voia întâmplării. Știu că și ghinionul, dar mai ales norocul ți le mai și faci singur.**

Ce credeți că se întâmplă când ai o idee în care crezi? Cei mai mulți îți spun că nu o să iasă. Că o să fie greu. Dacă reușești să treci peste toate aceste "încurajări" și îți faci bine lecțiile, pornești la drum cu planul A. Dar ai și planul B, de rezervă. Iar în situația în care apare ceva ne-prevăzut, te mai bazezi și pe planul C. Așa se construiește. Așa gândesc antreprenorii și toți cei care știu că nimic nu iese ușor. Pentru că sunt foarte puține cazurile în care un business iese pur și simplu. Și chiar și așa, dacă nu ești un manager bun, businessul moare.

Cel mai probabil invidia este cea care îi determină pe concurenți sau pe cei neștiutori să spună că un anu-mit antreprenor are succes pentru că a avut noroc. E multă muncă în spatele norocului și al succesului care vine "peste noapte", cum cred unii oameni. Stau mulți ani de experiență în spatele acestui succes. Iar toți cei care își doresc să crească rapid, să "fure" idei sau să afle secretul unui antreprenor sunt dezamăgiți să vadă că nimic nu se întâmplă rapid. Sau ușor.

Cel mai mult înveți din experiență. Înveți enorm din fiecare negociere dură și din fiecare ușă închisă, din fi-ecare eșec și criză de maximă intensitate, din nopțile în care te perpelești și cauți o soluție și, la naiba, nu găsești niciuna. Doar așa ajungi, în timp, să pariezi din prima pe ideea bună. Să-ți construiești echipa și să nu te mai agiți pentru orice chestie minoră, care în anumite momente poate părea o adevărată catastrofă.

Așa ajungi în timp să alegi cele mai bune soluții din prima și să zâmbești în fața unei situații dificile.

Norocul și ghinionul sunt coechipieri în antreprenoriat. Unii pe care înveți să nu te bazezi, dar care știi că sunt acolo, la tot pasul, și pe care ajungi să știi cum să-i eviți sau să-i "bagi în traistă". Doar așa devii unul dintre cei care știu ce se va întâmpla mâine și vei fi omul potrivit la locul potrivit.

Mireasa lui Eros Ramazzotti

„PRIMII 20 DE ANI SUNT MAI GREI. Abia apoi începe Uşurelu" a fost sloganul pe care l-a creat Alexandru Aron pentru macheta personalizată realizată de UniCredit Bank la aniversarea a 20 de ani ai revistei Biz. A prins, pentru că i se potriveşte de minune Martei.

Numele de familie al Martei a fost mereu într-o fină ironie cu restul vieții ei, dar poate fi privit și ca o predestinare: din tot greul care i-a ieșit în cale, Marta a căutat mereu rezolvarea, calea de ieșire. Cea mai scurtă cale de a face greul mai ușor de dus.

De cele mai multe ori, soluția s-a bazat tot pe logică, pentru că Marta e omul raționamentului logic. De asta nici nu crede în *„Nu se poate"*, pentru că – de cele mai multe ori – această afirmație nu are în spate argumente concrete, ci doar limitele personale ale fiecăruia.

Când întrebi *„De ce"* nu se poate un anumit lucru, îți dai seama că nu există nimic real în spate, în afara unor convingeri sau credințe ferme ale celui care a dat verdictul.

Un moment în care Marta a făcut să pară ușor ceva ce părea aproape imposibil s-a întâmplat tot la începutul carierei, când avea 18 ani.

Era anul 1993 și venea Eros Ramazzotti în România, adus de impresarul Marcel Avram, parte dintr-un șir de concerte cum România nu văzuse vreodată. Contra sumei de 600.000 de euro, conform presei vremii, Eros urma să cânte "Piu bella cosa" în fața a 30.000 de oameni care îl ascultaseră ani de zile pe casete pirat, visând la o Italie inaccesibilă.

Marta era tot la Vocea României, într-un colectiv în care tinerețea și entuziasmul ei păreau din altă lume față de relaxarea si blazarea colegilor cu trei decenii mai în vârstă. Redacția era compusă dintr-o gașcă de oameni din aceeași generație, mulți cu trecut politic, dar care se pricepeau să-şi facă atmosfera de lucru plăcută. Chiar şi când râdeau unii de alţii, o făceau cu umor şi candoare.

"Uşurico", i-a spus, cu duioşie, directorul ziarului. *"Vezi că te duci la conferinţa de presă cu Eros. Dacă vii fără poză cu el de gât, te dau afară."*

Era, fireşte, o glumă de la un capăt la altul: de la tandreţea numelui de familie pocit până la aluzia cu Eros, dar Marta nu a luat-o ca pe un banc, ci ca pe o provocare jurnalistică. De cum a trântit uşa în urma ei, a ştiut clar că trebuie să vină musai cu o poză cu Eros Ramazzotti. De gât, nu altfel.

Ceea ce a urmat ilustrează perfect cocteilul de îndrăzneală, entuziasm şi priză la oameni cu care Marta reuşeşte, până în ziua de azi, să facă lucruri pe care mulţi le văd de nefăcut. A intrat prima în sala în care se desfăşura conferinţa şi s-a dus glonţ la singura persoană care se afla acolo în acel moment: traducătoarea de italiană.

Pentru că Marta e omul oamenilor, a intrat în vorbă cu ea cu acelaşi firesc cu care azi aliniază oamenii, de la paznic la manager, şi la final a întrebat-o cum se spune, în italiană, *„Eros, vreau să fac o poză cu tine!"*.

„Eros, io voglio fare una foto con lei… se mi permette".

Toată conferinţa, Marta a stat ca pe ghimpi, într-o mare de oameni de presă, repetând în capul ei *„Eros, io voglio fare una foto con lei… Eros, io voglio fare una foto… Eros, io voglio fare…"*.

La final, când Marcel Avram a anunțat ultima între-
bare, Marta a sărit în picioare, cu fraza învățată ca pe apă,
într-o italiană perfectă, după ce nimeni din public nu
scosese până atunci vreun cuvânt în limba maternă a lui
Ramazzotti: *"Eros, io voglio fare una foto con lei... se mi
permette"*.

Pe prima pagină a ziarului Vocea României a apărut,
a doua zi, fotografia cu Marta, de gât cu Eros Rama-
zzotti, cu Marcel Avram lângă ei, purtând următorul titlu:
*"Bucureștiul primește sărutul muzicii. Colega noastră
Marta Ușurelu se mărită cu Eros Ramazzotti, iar naș
este Marcel Avram"*.

Povestea cu Eros este una elocventă pentru parcursul
ulterior al Martei, dar italianului i-au urmat Rod Stewart,
Prodigy, Mel Gibson și multe alte vedete.

Cu Prodigy s-a întâlnit chiar de ziua ei și i-a pus să-i
semneze toți felicitarea cu „La mulți ani", iar când i-a
cunoscut pe cei de la Metallica s-a ridicat în mijlocul
conferinței de presă și a strigat *„Eu sunt fanul vostru!"*.

Deși a făcut sute de interviuri în ultimii 30 de ani,
Marta abordează toți oamenii cu aceeași deschidere cu
care s-a dus să facă o poză *„de gât"* cu Eros Ramazzotti,
iar oamenii iau aminte.

Mai ales când sunt celebrități de rang mondial,
obișnuite ca toată lumea să meargă în vârful picioarelor
în preajma lor, relaxarea ei e dezarmantă.

La toate conferințele internaționale și evenimentele la
care a fost invitată, Marta a fost mereu omul care, în loc

să stea pe scaun şi să aştepte conferinţa de presă, intra în vorbă cu oamenii din staff şi cu invitaţii.

Aşa i-a cunoscut pe Eric Bana şi pe actorii din serialele de pe Netflix, la o conferinţă din Paris, în anul 2016. Sala de mese pentru jurnalişti era aşezată chiar lângă cea pentru actori, dar cei mai mulţi dintre oamenii de presă lucrau pe laptopuri, în zona dedicată lor.

Nu e nicidecum o răutate, ci o realitate faptul că, în timp şi cu cât au mai multă experienţă la activ, mulţi jurnalişti devin comozi şi îşi fac treaba punctual, de la punctul A la punctul B: iau informaţia oficială din conferinţa de presă, culeg citatele, aşteaptă pozele oficiale şi totul merge strună.

Pentru Marta, această perspectivă n-a fost niciodată pe gustul ei: îi place să abordeze orice loc cu o minte curioasă, nu cu blazarea omului care le-a văzut pe toate şi nimic nu-l mai impresionează. Are ea o vorbă, că oamenii „*trimişi*" undeva se văd de la o poştă, fiindcă nu vor să fie cu adevărat acolo.

Aşadar, în tot acest interval în care restul jurnaliştilor îşi puneau notiţele cap la cap şi redactau articole pe laptop, Marta stătea – tot cu laptopul – în zona actorilor şi, din când în când, ieşea la fumat cu ei. Nu fuma, pentru că nu fumează, dar stătea cu ei, asculta glumele şi îi observa relaxaţi, în mediul lor natural.

La un moment dat, a intrat în vorbă cu Lorenzo Richelmy, din serialul "Marco Polo", şi, în stilul ei exuberant, i-a spus că în România serialul e un fenomen şi că toate femeile sunt înnebunite după el. ***Tu vorbeşti serios? În***

România? Mă duc să o sun pe mama să îi povestesc", a fost replica uimită a actorului.

Când a venit momentul conferinței de presă și a intrat în sala unde se desfășura întâlnirea cu presa, Marta se întâlnise deja cu actorii, interacționase cu ei și avea nu doar citate în exclusivitate, ci și selfie-uri cu ei. Acestea din urmă nu pentru pus în revistă, ci pentru arhiva personală. Când un membru al echipei de PR i-a observat pe actori făcându-și poze cu ea și a vrut să intervină, Eric Bana i-a tăiat elanul, scurt: *"E prietena noastră, nu te băga!"*.

Pentru că Netflix asigura transportul invitaților de la locul în care se ținea conferința de presă în centrul Parisului din 30 în 30 de minute, la momentul conferinței de presă cu CEO-ul Netflix sala era aproape goală. Jurnaliștii erau dornici să vadă Parisul, iar în sala de conferințe erau mult prea puțini oameni din cei peste 200 câți fuseseră invitați din toată Europa.

Ca organizatoare de evenimente la rândul ei, Marta a fost revoltată de faptul că niște oameni cărora li s-a asigurat o călătorie la Paris, special pentru acest eveniment, nu au avut nici măcar minima curtoazie să ia parte la conferința de presă. În stilul ei justițiar, s-a dus glonț la CEO-ul Netflix și i-a spus că, din experiența ei, e foarte urât ce s-a întâmplat și că autobuzele de transfer ar fi trebuit să funcționeze abia din momentul în care se încheia conferința de presă.

Așa a ajuns să stea de vorbă cu CEO-ul și cu echipa organizatoare și au povestit despre evenimente și despre viitorul Netflixului ca niște vechi amici. La fel i s-a întâmplat și în America, la aniversarea a 60 de ani de Amway, când a fost invitată tot ca om de presă.

Tot în stilul ei caracteristic, a ajuns să stea la masă cu copiii fondatorului și cu directorul general al companiei, fără să fi făcut altceva decât să intre în vorbă și să le adreseze câteva întrebări.

Ca antreprenor, era curioasă cum își găsesc cei de la Amway oamenii în prezent, cum lucrează pe zona asiatică, care sunt provocările procesului de vânzare. Era un strat de curiozitate sinceră cu care oamenii au rezonat și la care au răspuns prin deschidere și prietenie. Așa ajunge Marta prietenă cu oamenii, în general: pentru că e suficient de curioasă să-i provoace la discuție.

Pentru că are această fire voluntară, nu se teme să contrazică oamenii sau să ofere o variantă mai bună atunci când o are.

Când are ceva de spus, Marta spune, iar oamenii se bucură când cineva le sugerează un restaurant mai frumos decât cel care era prevăzut în program, o adresă pe care n-o știau, o informație pe care nu o aveau la acel moment.

Oferă lucruri și își spune părerea fără să se cenzureze, cum facem mulți dintre noi când rulăm mai întâi în minte textul pe care am vrea să-l spunem, iar la final conchidem că nu e ideea sau momentul potrivit și nu-l mai rostim niciodată.

Exuberanța ei nu poate fi replicată, nici oferită timizilor ca rețetă, pentru că este o combinație între entuziasm sincer și un firesc care nu are nimic de-a face cu insistența.

Marta nu e genul de om fixist, care te pisălogeşte ca să-şi atingă scopul, ci a rămas, în esenţă, acelaşi reporter de ziar care nu-şi suprimă dorinţa enormă de a împărtăşi lucruri sau de a-şi pleda cauza atunci când crede în ea.

Dar mai ales a rămas acelaşi om imun la refuzuri sau la respingere, iar această abilitate de a gestiona păreri contrare şi de a-şi asuma riscuri a cântărit greu în toate momentele carierei ei.

Şi-a învăţat echipa că nicio idee nu este atât de bună încât să nu poată fi îmbunătăţită, schimbată sau adaptată la nevoie şi că rolul redacţiei este să ofere o contragreutate deciziilor redactorului-şef.

De multe ori, oamenii din echipa ei îi spun pe şleau că o anumită idee e proastă, că n-o să meargă un anumit lucru sau că un proiect ar trebui să fie făcut total diferit.

Aceste dezbateri sunt partea preferată a activităţii Biz, pentru că din ele se nasc cele mai bune idei şi cele mai eficiente moduri de a face treabă. *„Uşorul"* se naşte din mai multe capete care îşi propun să facă „greul" bucăţi.

**Marta
despre**

50 de minute cu
Mel Gibson

**ESTE CELEBRĂ POZA MEA CU MEL GIBSON.
PENTRU MINE ȘI PRIETENII MEI! :)**

Am făcut-o în urmă cu 20 de ani, în New York. Lucram tot la Biz când am primit invitația de a mă acredita la conferința de presă organizată cu ocazia lansării filmului „We Were Soldiers".

Jurnaliştii ştiu, deseori vin invitaţii la evenimente. Unele au asigurată cazarea şi transportul, altele, nu. Această invitaţie nu avea nimic asigurat, iar conferinţa era la New York!

Cererea de acreditare am făcut-o fără să am aprobare de la superiorul meu direct. Nu credeam că voi primi un răspuns rapid, dar l-am primit. Şi era pozitiv.

Am întrebat timid în redacţie dacă se poate să am acoperite costurile sau măcar o parte. Am primit doar un răspuns motivant:

"Nu avem buget, dar dacă găseşti sponsori care să acopere drumul şi cazarea, poţi merge la conferinţă."

Mi-a fost de ajuns.

Sincer, niciunul dintre prietenii mei nu-mi dădea şanse de succes. Dar când e să iasă, iese, nu?

Am vorbit la departamentul de comunicare de la Marriott Bucureşti şi le-am spus că am nevoie de cazare. Pentru că mă întâlnesc cu Mel Gibson!

Nu ştiu dacă entuziasmul sau motivul au vândut, dar am primit cazarea la un Marriott din NY. Mă cunoşteau şi ştiau ce pot, aşa că n-a fost foarte greu. Am vorbit apoi la agenţia J'Info Tours. Pe ei nu-i cunoşteam şi nici ei nu mă ştiau pe mine, dar i-am convins şi am primit biletul de avion.

Am plecat la NY "încurajată" de prieteni şi cunoscuţi: "Nici nu o să-l vezi de aproape!", "Nu ai cum să faci interviu cu el faţă în faţă".

Aveam în minte un singur gând: să fac o poză, ca să le arăt eu! Dar mai ales pentru a demonstra că m-am întâlnit cu el.

Dacă nu veneam cu o poză, știam, totul avea să fie în zadar!

Conferința avea loc într-un hotel din Big Apple. Aveam reguli clare: nu era permis accesul cu aparat foto.

Nu pot spune că eu aveam unul real. Al meu era, pentru cine își amintește, aparat din plastic, cu film, care trebuia rulat manual. L-am învelit într-un șervețel, ca un sendviș, când am trecut prin poarta de control de la intrarea în hotel. Nu a țiuit și am intrat cu el. Am așteptat cuminte ora conferinței și am fost repartizată într-o sală cu alți patru jurnaliști din Europa.

Mel a intrat neanunțat, însoțit de un bodyguard. Momentul ne-a surprins și încântat în egală măsură.

M-a uimit să vad că nu este înalt. Sau, mai bine spus, că este destul de scund. Am observat că avea șosete albe, pantofi negri și jeanși albaștri… gen pyramid.

Purta un tricou polo negru care-i venea perfect. Și râdea. Mult. Vorbea relaxat și răspundea întrebărilor, plin de energie. Și-a comandat un cappuccino. Atât. Mă așteptam, nu știu de ce, să văd că își comandă ceva mai special. Nimic.

A stat cu noi aproape o oră, întrebându-ne și el, pe fiecare în parte, de unde suntem și cum ne place la NY. :)

Când s-a ridicat să plece, l-am întrebat timid dacă vrea să facă o poză cu mine. A zâmbit. Mai frumos ca-n filmele în care joacă. :)

Credea că glumesc, dar când m-a văzut că scot din geantă aparatul, a întins mâna către mine și l-a luat.

Nu știu dacă a contat modelul aparatului meu arhaic. Sau zâmbetul meu cuceritor, cert este că a acceptat. M-a luat de după umeri și a întrebat cine ne face o poză. Am înlemnit. Niciunul dintre ceilalți jurnaliști nu voia. Sunt convinsă că mă urau sincer în acel moment!

L-a rugat atunci pe bodyguard să ne fotografieze. Cu chiu, cu vai, a acceptat.O poză a făcut. Una. Atât. Cred că nu știa să tragă filmul!

Mel a râs din nou și a plecat. În lobby, la ieșire, am fost înștiințată apoi că nu mai am acces la conferințele Icon pentru că n-am respectat reglementările companiei. Nu mai știu ce-am răspuns. Nu mai conta.

Nu mă gândeam decât să-mi iasă poza. Să nu se voaleze filmul. Să fie clară imaginea. Să fie Mel cu ochii deschiși… Să am dovada faptului că l-am atins!

După două zile, când am ajuns în București și am văzut poza, am fost fericită.

Ieșise! :))))

Marta despre

Curajul
de a „supăra" sau „deranja"

SĂ NU SPUI CEVA CE POATE SUPĂRA SAU DE-RANJA este un mare talent pe care unii îl au. Culmea, se pot comporta așa la nesfârșit! Este "ceva ce nu se face", cum ar spune alții. Nu sunt de aceeași părere. **Cu amendamentul că nu fac sau spun ceva doar ca să supăr sau să deranjez, sunt de părere că este nevoie să spunem lucrurilor pe nume.**

Cel mai simplu exemplu? Un CEO dintr-o companie de succes care nu spune la interviu nicio informație interesantă. Nicio cifră, deși își dorește să apară într-o revistă de business. Ce se întâmplă de multe ori în astfel de cazuri? Mulți jurnaliști și manageri de presă aleg să păstreze o relație bună cu acel CEO și cu acea companie, în vederea continuării unui parteneriat financiar. Ce facem la Biz? Spunem deschis că nu avem suficientă informație pentru a publica un interviu. Și solicităm, ca revistă de business, cifre, informații de interes.

E tragic? Nu, e ceva firesc.

Oamenii nu mai citesc presa și nu mai apreciază ziariștii pentru că s-au săturat de articole goale, fără esență și importanță. Marea problemă este că cei mai mulți oameni din companiile cărora le dăm acest răspuns se supără. Reprezentanții lor sunt profund afectați și nu mai colaborează cu tine, cel puțin niște ani, alegând altă revistă sau ziar. Asta e, ne asumăm și acest lucru!

De aceea a murit presa, pentru că a publicat prea multă informație despre nimic. Ne place sau nu, asta e realitatea. Ce să vadă cititorul tău dacă îi dai prostii? Se abonează mai bine la reviste străine sau caută online ce are nevoie.

Ceea ce nu am putut înțelege niciodată este cum pot oamenii din companii să nu ofere informații relevante, dar să se aștepte în schimb ca interviul lor să aibă impact! Acesta este acel adevăr simplu pe care și presa, dar și companiile și oamenii de comunicare l-au înțeles mult prea târziu. Sau încă se chinuie să-l înțeleagă!

Nu mi-a plăcut, dar din cauza acestui subiect mi s-a spus de multe ori că sunt dictatoare. Doar pentru că nu acceptam acest "nimic" pe care companiile voiau să-l spună frumos în Biz. Sau speakeri care să vorbească la evenimente și să plictisească audiența.

Acesta a fost și unul dintre motivele pentru care, în urmă cu 10 ani, am desființat ziua bancară de la Zilele Biz, cel mai mare eveniment de business din România. Era ziua în care cei mai importanți oameni din domeniu veneau și vorbeau superb, spunând nimic, unde se apreciau și se aplaudau, de fațadă, iar publicul era exasperat.

Am făcut-o ca să deranjez? Categoric nu, dar am observat cât de mult pierdem în rândul cititorilor și al publicului de la conferințe când avem speakeri "de carton". Ca să nu mai spun că unii dintre ei erau "trimiși" parcă forțat de companie și ne solicitau în mod repetat să nu primească nicio întrebare din public sau de la moderator!

Cum am avut puterea să spun nu? A fost curaj, nebunie și momentul acela în care simți că ai ajuns la limită și știam că trebuie să facem și revistă, și evenimente așa cum am simțit că este bine. Și alegând să publicăm interviuri și articole cu oamenii care fac lucruri și vorbesc pe bune despre ele. Cu specialiștii care pot să te învețe și să-ți ofere informație relevantă. Reală. În plus, ca să spunem adevărul până la capăt, majoritatea companiilor considerau că li se cuvine să apară cu un interviu. Pentru că sunt mari și pentru că au în mână bugetul de care tu ai nevoie ca să supraviețuiești. Doar că eu am văzut, în toți anii în care am lucrat în presă, că în acest joc, indiferent ce faci, pierzi. Fie cititori, fie bani. Iar cei care îți dau 3 lei nu-ți respectă munca! De aceea am ales să facem lucrurile simplu și corect: ai informație bună, apari în Biz și la conferințe.

Şi, ca să le arătăm ce fel de conţinut putem face, am început să lansăm proiecte speciale, proiecte adevărate de conţinut în care să scoatem de la companii informaţiile pe care le au, dar de care, de multe ori, nu sunt conştiente. Am început să vorbim despre oamenii din companie, despre strategia lor, despre cum s-a schimbat domeniul de activitate în care lucrează şi cum le-a fost, cu bune şi cu rele. Am făcut ceea ce puţini jurnalişti fac: am anunţat clar strategia de conţinut şi am început să facem celebrele liste cu informaţii pe care nu le găseşti în altă parte, pentru a ne ţine cititorii aproape!

Aşa au apărut şi celebrele proiecte imposibile Biz, cum au fost caracterizate de cei din jurul nostru. Pentru noi, sunt proiectele care arată cu adevărat spiritul Biz! Cum ar fi CEO Exchange sau Marketing Xchange, conceptul Biz & GMP prin care pentru o zi am schimbat între ei 10 CEO şi, într-un alt proiect, 10 directori de marketing de la cele mai puternice 10 companii din România. Pentru o zi, cei zece CEO au lucrat pe aceeaşi poziţie, dar într-o altă mare companie. Da, exact aşa am făcut. Şi, la fel, am schimbat şi 10 directori de marketing între ei. Şi, culmea, am făcut aceste proiecte sub patronajul unor mari companii, Telekom în acest caz, care a ales să se asocieze cu noi în acest demers curajos care a adus multă valoare adăugată tuturor companiilor implicate şi în special cititorilor. Aşa am ajuns să fim căutaţi de companiile care îşi doresc proiecte de conţinut curajoase şi să fim celebri pentru munca noastră.

Ce am mai făcut? Pitch-uri în direct pe scenă. Am pus oamenii de creație să facă campanii în direct la evenimente și am învățat companiile care nu pot da cifre, pentru că sunt listate la bursă, că pot vorbi despre subiecte de strategie, despre HR sau despre inovație și am avut proiecte care au strălucit și au marcat milestone-uri în presa de business.

Biz a dat viață presei de business venind cu idei puternice de conținut, cu cerințe clare, cu provocări pentru interlocutori. Chiar dacă i-am supărat pe unii, cei mai mulți au ajuns sa înțeleagă ce facem cu adevărat și în cele din urmă au apreciat efortul nostru.

De la coperta cu cei mai importanți oameni din online la bustul gol și pictați în culori tribale africane la cea cu echipa de fotbal formată din CEO sau uimitoarele ediții internaționale, noi nu ne-am oprit pentru că era criză sau pentru că nu erau bani în piață, cum au făcut mulți. Noi am venit constant cu cele mai puternice și creative idei de business, am obținut, la început foarte greu, bugete de la marii advertiseri, dar apoi, atât bugetele, cât și companiile au început să vină singure la noi. Astăzi, dacă o companie vrea să anunțe o premieră sau să se evidențieze într-un mod inovator, alege Biz. Și asta mă bucură!

Înainte de
„Marta
de la Biz"

ÎN ANUL 2000, BIZ ERA UN VERITABIL FENOMEN.

Era o revistă *„ca afară"*, pe o piață în care nicio publicație, nici măcar cele profesioniste din punctul de vedere al conținutului, nu se puteau desprinde de o identitate învechită, cu vizualuri repetitive și un mod cuminte de a prezenta oamenii și știrile.

În acest context static, Biz a venit ca un vârtej, cu o mentalitate occidentală, un aspect cu care românii erau obișnuiți doar din revistele străine și cu o abordare care promitea să ia pe sus mediul de afaceri.

Publicațiile vremii erau ziare și reviste „economice", pe când Biz era despre „business", cuvântul adoptat cu voluptate în limba română a anilor 2000.

Biz era cel mai grozav loc în care un jurnalist economic putea să lucreze, aşa că Marta ştia că acolo e locul ei.

După Vocea României, unde a stat un an şi jumătate, Marta plecase la Cronica Română, apoi la Ziarul Financiar.

Când a apărut Biz, nu a aşteptat să fie remarcată, ci a bătut la uşi, a întrebat, a avut, ca şi acum, curajul să spună răspicat ceea ce îşi dorea: *„Vreau să lucrez la voi. Sunteţi grozavi şi vreau să fiu aici"*.

Redacţia Biz era completă la acel moment, dar entuziasmul şi experienţa ei au avut ecou, aşa că ea şi Cristian Manafu, pe atunci colegul ei la Ziarul Financiar, au fost cooptaţi în echipa trustului care edita Biz şi care mai avea în portofoliu şi o revistă de lifestyle numită Esenţial.

Vreme de un an, şi-au făcut mâna la revista pentru femei, realizând câteva pictoriale remarcabile şi în premieră, materiale care s-au pierdut în timp, pentru că epoca internetului era încă departe pe-atunci.

Pentru unul dintre numerele revistei, Marta şi Cristi au convins toate femeile din Parlamentul României să pozeze împreună pentru o fotografie de copertă. Ca să le facă să accepte provocarea a fost nevoie de peste trei săptămâni ca să vorbească cu fiecare dintre ele, explicându-le importanţa articolului care va evidenţia femeile care îşi doreau schimbarea intr-o Românie politică dominată de bărbaţi.

Chiar dacă revista de lifestyle a marcat câteva premiere în jurnalismul românesc, se dovedea a fi mai puţin profitabilă decât Biz, aşadar conducerea trustului BMG

(Business Media Group), care deținea titlurile, a decis, în 2001, să închidă Esențial și să-i transfere pe Marta și pe Cristian la Biz.

Organigrama Biz nu avea locuri gândite și pentru ei, dar pentru că își dovediseră abilitățile la Esențial, li s-au găsit niște poziții în echipă. În câțiva ani, ajungeau amândoi redactori-șefi.

La fel ca revista Biz, și managementul trustului avea o abordare neconvențională. Unul dintre acționarii Biz (și cel care se ocupa de divizia de reviste în limba română), Rachad El Jisr, își dorea două viziuni diferite la conducerea revistei, astfel încât erau doi redactori-șefi în loc de unul. Ideea era ingenioasă: cei doi, împreună cu el, aveau să formeze un board prin care să se poată filtra cele mai bune idei.

În trustul BMG a apărut ulterior revista Campaign, iar Cristian Manafu s-a ocupat de lansarea și poziționarea ei pe piața din România, în timp ce Marta s-a concentrat în continuare pe Biz.

Biz a fost întotdeauna locul ideal pentru imaginația și visurile jurnalistice ale Martei. Tot ce făcuse până atunci, toate *„Nu se poate"*-urile pe care le dărâmase păreau insignifiante față de ce putea face aici.

Miza era mai mare ca oricând, iar faptul că fiecare număr de Biz schimba radical concepția oamenilor despre afaceri și companii era un stimulent incredibil pentru ambiția ei.

Într-o societate rigidă, în care oamenii încă se raportau cu timiditate la capitalism, Biz schimba mentalități, iar Marta putea pune în practică orice idee avea echipa sau îi venea în minte.

De obicei le veneau în minte idei nebuneşti, lucruri pe care nu le mai făcuse nimeni până atunci, iar de la număr la număr ştacheta urca tot mai sus.

Ce ar fi să îi aducem pe managerii români la piscină şi să-i punem pe copertă cu câte un cocktail în mână? Ce-ar fi să-i punem pe alţii să plutească în piscină, pe câte o saltea gonflabilă multicoloră? Dar dacă i-am fotografia făcând sporturi extreme sau dându-se cu parapanta?

Provocările unui asemenea demers erau multiple: nu doar să-i convingi pe oameni din companii concurente să accepte să se pozeze împreună pe o copertă de revistă, dar să o facă şi în ipostaze de neconceput, care-i puneau într-o postură total nouă şi vulnerabilă.

Jurnalismul intervenea abia din momentul în care toţi se aflau împreună, discutau şi povesteau pe tema dorită. Până acolo însă, Marta avea nevoie de psihologie, abilitate de vânzător şi persuasiune. Mai întâi, trebuia să treacă de vocea propriilor colegi, care, în cele mai multe cazuri, spuneau că e o idee grozavă, dar că sigur, sigur, nimeni nu va accepta să facă aşa ceva.

Apoi, demersul continua cu personajele, mergând din om în om şi explicând convingător de ce o idee nebunească ar putea să fie cea mai grozavă copertă pe care a văzut-o presa românească până atunci.

O astfel de copertă a fost cea cu *„dezbrăcaţii"*, cum o numeşte amuzată Marta, coperta specială cu ocazia Cupei Mondiale la Fotbal din Africa de Sud, din

2010, când Pepsi avea campania cu fotbaliști denumită *„Greats of the Game"*: Beckham, Messi, Henry, Drogba, Lampard și alți grei ai fotbalului apăreau pictați pe piept cu însemne tribale.

I-a venit ideea să facă o copertă pentru un proiect special al Pepsi în care cei mai puternici oameni din online să pozeze precum jucătorii, pictați pe piept cu același tip de însemne. Acei oameni erau Sergiu Biriș de la trilulilu, Marius Ghenea de la FIT Distribution, Bobby Voicu de la RevvNation.com, George Lemnaru de la eRepublik, Radu Ionescu de la Kinecto și Cristian Manafu de la Prodigy.

La acel moment, Marta nu era complet consacrată drept *„Marta de la Biz",* ci era încă Marta Ușurelu, o femeie de la o revistă de business care încerca să facă lucruri într-o lume a bărbaților.

Entuziasmul ei era dezarmant, propunerile erau mereu șocante și, cu timpul, oamenii din mediul de business au început să se amuze de ideile ei, apoi să le placă și, în cele din urmă, să o ia în seamă pe fata care venea mereu cu cele mai năstrușnice propuneri.

Primul branding personal al Martei acesta a fost și a venit organic: când suna *„Marta de la Biz",* oamenii știau că la capătul firului urmează o idee ieșită din comun sau vreo nouă nebunie de care avea să se vorbească în toate birourile.

Faptul că acum aceiași oameni îi răspund la telefon Martei la orice oră este pentru ea un barometru al drumului pe care l-a parcurs. La început fiecare om convins să participe la un proiect însemna ore de discuții, multe telefoane şi o muncă activă de persuasiune, psihologie şi negociere. Le-a câştigat încrederea şi respectul în timp, iar asta e ceva ce preţuieşte.

Cu ideea copertei Pepsi, Marta i-a abordat direct: o să facă gaură în cer proiectul ăsta, toată lumea o să vorbească despre asta şi trebuie să fii şi tu acolo, pentru că eşti important, pentru că faci lucruri, pentru că eşti relevant pentru piaţa asta.

Nu a fost o promisiune deşartă, pentru că acea copertă chiar a făcut România să vuiască şi pe toţi să ia în serios forţa pe care o căpătase această revistă de business făcută de un grup de vizionari.

Impactul acelei ediţii a fost atât de mare în piaţă încât, atunci când a apărut şi campania oficială a Pepsi pe televizor, cu spoturi cu fotbalişti celebri difuzate la ore de maximă audienţă, au fost voci din online care au scris că Pepsi le-a furat celor de la Biz ideea.

Pentru că revista Biz cu proiectul Pepsi apăruse în aprilie, iar spoturile TV s-au lansat o lună mai târziu, paternitatea conceptului s-a dus către Biz. Oamenilor li se părea incredibil ceea ce reuşiseră să facă şi, oricât de absurd ar suna acum, erau convinşi că Pepsi s-a inspirat de la coperta unei reviste româneşti de business.

Să facem un exerciţiu de imaginaţie şi să ne gândim cum ar fi fost dacă la acea vreme Marta ar fi avut la dispoziţie video, reel-uri, YouTube, Instagram sau stories. Procesul de making of al copertei cu cei şase antreprenori de online a fost savuros, pentru că şase bărbaţi au stat fiecare la o sesiune de body-painting de câte o oră.

Au început să facă glume, s-au împrietenit şi atmosfera s-a detensionat instantaneu.

Atunci, Marta a aflat un adevăr pe care doar cei care au făcut vreodată şedinţe foto de presă îl pot înţelege: e infinit mai greu să dezbraci un bărbat pentru o fotografie decât să dezbraci o femeie.

La acel moment, Marta începuse deja operaţiile de înlăturare a celulelor canceroase din col, despre care medicii vorbeau cu o detaşare care-i îngheţa sângele în vine.

În paralel cu aşteptatul în anticamera doctorilor, se încărca cu energie din proiectele pe care le făcea la revistă şi din entuziasmul oamenilor cu care intra în contact.

Într-un moment groaznic al vieţii ei, faptul că putea convinge oameni *„de neconvins"* să facă lucruri pe care nu le mai făcuseră niciodată era ceea ce o ţinea cu moralul pe linia de plutire.

Totuşi, în culisele şedinţelor foto pe care România nu le mai văzuse şi ale copertelor rămase în istorie, situaţia de culise la Biz fusese, în ultimii ani, una mai degrabă delicată.

Până în 2010 managementul BMG era format din două persoane: Rachad El Jisr şi partenerul lui american, Bill Avery. Cel dintâi, pe jumătate italian şi pe jumătate libanez, studiase la Paris, era un om de lume şi sufletul Biz.

Puţin trecut de 40 de ani, cochetase cu fotografia în prima parte a vieţii şi făcuse cândva un proiect pentru Vogue despre care nu povestea prea multe.

Avea însă o mie şi una de visuri şi de planuri pe care voia să le realizeze la Biz. Doar că, spre deosebire de

Marta, care era omul rezultatelor concrete, Rachad era omul ideilor și al idealurilor.

Imaginația lui Rachad s-a potrivit perfect cu ambiția Martei, pentru că ea era cea care prelua din zbor multe idei rostite în treacăt. *„Ar fi frumos să facem o seară de degustare de vinuri”*, spunea Rachad, fără intenția de a face, la momentul respectiv, ceva concret în direcția acelei idei.

Pentru Marta, ideea căpăta picioare și apoi aripi, odată ce începea să lucreze la ea. De la „Ce frumos ar fi”, Marta ducea lucrurile spre „Hai să facem”.

Dădea telefoane, găsea branduri, parteneri, locuri de desfășurare și totul se întâmpla.

Îi este recunoscătoare lui Rachad pentru faptul că a știut să-i stimuleze creativitatea și puterea de a crede în forțele proprii.

Mulți dintre colegii ei au rămas la stadiul de visare și aspirații la care era și Rachad, la acest *„Ce frumos ar fi dacă…”,* însă pentru Marta părea că s-a inventat fix acel citat pe care-l tot rostesc speakerii motivaționali: *„Un scop este un vis cu un plan de execuție”*. Rachad venea cu ideea, iar Marta cu execuția.

Toată lumea din redacție îl admira pe Rachad, mai ales când venea din călătorii cu teancuri de reviste la care România nu avea acces pe atunci: Harvard Business Review, Fortune, Time, tot ce însemna crema jurnalismului mondial.

Nu mulți pot înțelege, dar atunci acel teanc de reviste putea cântări cam cât o mărire de salariu pentru oamenii din echipa Biz, pentru că ele erau ceea ce reprezintă pentru un copil de azi metaversul: un univers infinit de posibilități din care nu se știe ce lucruri extraordinare pot să iasă dacă-ți pui mintea.

Orizontul de așteptare era atât de înalt încât, dacă echipa știa că „azi vine Rachad în România", nimeni nu se clintea din redacție. Îl așteptau cu toții, nerăbdători să-l audă povestind despre lucrurile extraordinare pe care Biz urma să le facă în următoarea perioadă. Așa a reușit Biz sa cucerească inimile cititorilor!

Pentru că la acel moment al începutul anilor 2000 echipa Biz avea luxul suprem de a nu se raporta la publicațiile concurente din România, ci direct la tot ceea ce se întâmpla în timp real în lume. Toți priveau lumea prin ochii lui Rachad și își doreau să transforme în realitate și în România lucrurile pe care le povestea el. Nivelul de emulație era atât de înalt încât orice spunea el devenea instantaneu instrument de visare.

La un moment dat, privind o fotografie cu un om de afaceri într-un costum de in, ceva simplu și minimalist pe coperta unei reviste de business din afară, Rachad a spus ceva de genul: *„Iată, aceasta este eleganța absolută"*.

Marta își amintește că s-a gândit săptămâni la rând la acele cuvinte, era intrigată de motivul afirmației lui și până la urmă l-a întrebat.

El nici nu mai ținea minte când spusese asta, dar cuvintele lui aveau o asemenea greutate încât deveneau instantaneu teme de meditație pentru toți oamenii din jur.

Dacă Rachad spunea ceva, oamenii ascultau şi zăboveau asupra informaţiei.

Mai ales într-o perioadă de tranziţie, în care modelele estetice şi principiile societăţii româneşti erau tot mai precare, Rachad venea cu nişte repere noi şi irezistibile.

În acea perioadă, care a fost ca o şcoală, Marta a învăţat multe despre lucrurile frumoase ale vieţii, despre haine, despre luxul veritabil şi despre ceea ce reprezintă lifestyle-ul. Şi-a educat gusturile şi a cunoscut lumea înainte s-o vadă efectiv.

Magnetismul pe care-l avea Rachad ca lider inspiraţional era incontestabil, fără a fi însă dublat de o viziune managerială la fel de puternică.

Cu timpul, şi punctele slabe au început să iasă la iveală, iar dezamăgirea a durut mai tare decât multe alte deziluzii pe care jurnaliştii de la Biz le avuseseră în viaţa lor de până atunci. Rachad nu era doar un şef sau un lider, era un adevărat guru. Greşelile de management erau internalizate direct de fiecare membru al echipei şi dureau fizic.

Tocmai pentru că l-a văzut pe Rachad în acea postură vulnerabilă, Marta recunoaşte că singura ei teamă pe lume nu este cea de moarte, ci de neputinţă. Sentimentul de a avea mâinile legate, de a nu putea să faci nimic ca să schimbi situaţia în care te afli.

Dacă „*mărirea*" lui Rachad a fost o incredibilă şcoală despre lume, eleganţă şi lifestyle, „*decăderea*" lui a fost un curs galopant despre management de criză.

Spirala în care intrase el era un drum cu un singur sens şi nimeni nu putea să-l întoarcă: deşi revista câştiga nişte sume incredibile în termenii de azi, iar o ediție a Zilelor Biz făcea și 500.000 de euro, echipa de top management se înconjurase de manageri tip sinecură, plătiți regește și care aveau un mare talent: nu-i contraziceau niciodată, nu-i provocau și le dădeau dreptate în orice.

Bugetele erau enorme, oamenii stăteau pe scări la evenimentele Biz, pentru că nu erau suficiente locuri în sală, iar emulația generală era de necrezut.

Cheltuielile nu erau însă ținute în frâu, în plus compania făcuse niște pariuri prea mari pe zona de online, și mult înaintea timpului, iar criza globală se apropia periculos de România. Erau suficient de sus pentru ca prăbușirea să fie dureroasă.

Dacă la final de 2008 Biz era încă parte dintr-un mare grup media, curtat de investitori, în câteva luni a venit criza, iar Biz a devenit o piatră de moară într-o industrie căreia nimeni nu-i mai acorda nicio șansă.

Era martie 2009, Marta tocmai se operase din nou, iar Biz, revista care schimbase viziunea românilor despre business, se închidea fiindcă „printul urma să moară", așa cum propovăduiau toți marii analiști.

Despărțiri,
de
angajați,
parteneri
sau
colaboratori

N-AM AJUNS MANAGER PENTRU CĂ VOIAM SĂ FIU ȘEF. Sau pentru că îmi place. A trebuit să mă ocup de revistă și să conduc. Sincer, dacă ar fi preluat altcineva acest rol, mi-ar fi fost mai ușor, sufletește vorbind.

Să fiu șeful colegilor mei a fost greu la început, pentru că trebuia să conduc la bine și la rău. Cu vorba bună, dar și cu presiune. Și, cine mă știe știe, sunt genul care vrea ca lucrurile să se întâmple acum. Pentru că se poate! Eu stau cu colegii, în mijlocul lor, și facem împreună proiect după proiect. Așa că nu-mi poate spune vreunul cineva că nu se poate sau că nu are cum să iasă cea mai grea sau nebună idee.

A fost greu, dar și o bucurie să văd cum ne modelăm unii pe alții și cum am învățat unii de la alții și am reușit să facem o echipă sudată și trainică.

Cu fiecare om am lucrat strâns, ani buni, și, cu toată sinceritatea, a fost și este dureros să mă despart de cineva din echipă. Știu, consultanții de HR mă ceartă, fiindcă în business astfel de decizii sunt firești, dar când ajung în momentul în care, din diverse motive, mă despart de un coleg, am unele dintre cele mai dificile perioade. Mă afectează mult, analizez și mă gândesc ce nu am făcut bine și, de multe ori, caut să găsesc variante să văd cum pot face momentul de despărțire mai... ușor.

Pe cât sunt de bună la găsit oameni, la a vedea partea bună din ei, pe atât de greu îmi este să mă despart, dar știu că este inevitabil. Și merg înainte căutând să învăț din fiecare întâmplare și de la fiecare om. Pentru că doar așa putem fi mai buni. Ca oameni și ca manageri.

Nu la fel se întâmplă când am parteneri sau colaboratori cu care, din diverse motive, nu facem lucrurile cum am stabilit și nu vedem colaborarea la fel. Fiind o tranzacție, îmi este mai simplu să stabilesc ce avem de făcut, de lucrat și cum sau când. Iar dacă nu iese cum stabilim, analizăm și decidem fie să refacem și să mai colaborăm în condiții

clar stabilite, fie să ne despărțim. Un furnizor sau par-
tener care te încurcă te afectează financiar și acolo poți
lua decizia mai ușor. E o pierdere, nu-ți permiți astfel de
parteneri și alegi unii mai buni. Nu e ceva personal, așa
cum este – pentru mine – partea cu angajații și, în special,
cu oamenii pe care ajungi să-i îndrăgești și lângă care îți
petreci mult timp. La ei nu pot renunța ușor. Cel puțin eu
nu pot.

Moartea și renașterea unei reviste

TOATE MOMENTELE DIN VIAȚA DE ADULT A MARTEI, atât cele de fericire cât și cele de cumpănă, aveau legătură într-un fel cu Biz.

Când se căsătorise, răspândise invitațiile la nuntă în redacția Biz. Când se operase de tumora la plămân, se împărțise între spital și redacție. Când îl născuse pe băiețelul ei, Nicolas, fusese conectată cu redacția până în ziua nașterii și se întorsese pe baricade după nici două luni.

Biz nu era doar un loc de muncă, era un loc de care îi păsa din tot sufletul, așa că vestea închiderii lui nu era ceva peste care să treacă lejer.

Moartea revistei părea însă inevitabilă, iar Marta avea un copil mic și trebuia să ia o decizie pentru cariera și familia ei în același timp. În acea perioadă a răsărit în mintea ei o întrebare chinuitoare. *„Ce ar trebui să fac?"*

Era o întrebare care deschidea de fiecare dată un univers de alte întrebări. Ce se va alege de meseria ei? Unde în altă parte să meargă? E mai bine să își schimbe cariera cu totul? Ce vrea de fapt să facă? Cu cât întrebările o mitraliau mai mult, cu atât răspunsul părea mai greu de găsit.

Pentru că salariile întârziau și situația era tot mai precară, își găsise un job la ziarul Business Standard, deși nu simțea că acolo este locul ei. S-a întâlnit cu Rachad, ca să-i dea vestea că o să plece, iar el i-a dat vestea că oricum revista se va închide, fiindcă nu mai are niciun viitor.

Fără să se fi gândit vreun moment la această posibilitate și aproape fără să clipească, Marta l-a întrebat dacă nu ar fi de acord să preia ea brandul Biz.

Privind în urmă, acela a fost momentul în care răspunsul pe care-l căutase Marta în lunile de întrebări a venit pur și simplu către ea.

S-a materializat în acea întrebare venită dintr-un loc de supremă sinceritate și vulnerabilitate: ce-ar fi dacă ar prelua ea revista care oricum avea să se închidă?

La acel moment, Rachad nu mai era gurul care ridicase un imperiu. Era un om ușor copleșit de eșec, pentru care perspectiva ca o altă persoană să reușească să facă lucrurile mai bine decât putuse el era foarte puțin probabilă.

Ce putea să reușească un jurnalist femeie, fără o zi petrecută într-o postură de management, un om de redacție și de conținut, care mai avea și un copil mic și nu-și putea permite să-şi asume riscuri? *"Ce poţi să faci tu mai bine decât am făcut eu?"*, a întrebat-o atunci.

Până în acel punct al vieţii ei, Marta nici măcar nu-şi pusese problema că ar vrea să fie antreprenor sau să aibă vreodată afacerea ei. Cu o singură excepţie.

Când plecase de la Vocea României la Cronica Română, cu ani în urmă, un coleg o întrebase, într-o doară, cum ar fi dacă şi-ar deschide propriul lor ziar.

Atunci, Marta s-a dus plină de elan acasă, la mama ei, şi i-a relatat discuţia. Au discutat despre cât ar costa un asemenea proiect şi ce ar presupune să faci un ziar de la zero, dar discuţia a rămas la stadiul de *„Ce ar fi dacă"*.

Nu-i venise încă momentul, pentru că toate celelalte întrebări de tipul *„Ce-ar fi…"* pe care şi le-a adresat Marta s-au transformat, de-a lungul timpului, în proiecte concrete. Ziarul era, însă, un vis prea îndepărtat care nu reprezenta nicidecum o prioritate.

Mai bine de un deceniu mai târziu, deja era vorba despre Biz, un loc de care îi păsa în mod real. Nu mai era vorba doar de visul unui ziar generic, ci de revista pentru care lucrase trup şi suflet. Nu putea să renunţe la ea fără să mai facă o ultimă încercare.

Fără să semneze vreo hârtie, Rachad şi Marta au convenit verbal că Marta urma să preia revista şi să încerce s-o pună pe picioare, dacă asta îşi doreşte. Nu ştia management, dar revista în sine, ca produs şi conţinut vandabil, era făcută de ea şi de colegii ei. La fel, evenimentele care asiguraseră faima Biz erau ţinute tot de echipa redacțională. Prin urmare, cuțitul și pâinea încă se aflau în mâinile lor.

Era august. Marta și-a adunat colegii, le-a expus planurile ei și a întrebat cine vrea să rămână alături de ea timp de trei luni, în încercarea de a salva ceea ce mai rămăsese din Biz, adică aproape nimic.

Nu se putea pune problema de salariu fix, fiindcă nu mai exista vreun ban în conturile companiei la acel moment, dar împreună puteau pregăti evenimente și proiecte pentru toamna lui 2009, din care să facă bani și să-și plătească salariile.

Au dat telefoane, au insistat, și-au folosit toate relațiile, tehnicile de convingere și cunoștințele de psihologie umană. Nu trebuiau să vândă doar un concept editorial, ci să convingă oamenii să le dea bugete, interviuri și declarații în exclusivitate pentru o revistă despre care toată lumea știa că nu mai are multă viață în industrie.

Deja la acel moment, în anul crizei financiare, *„Biz-ul lui Rachad"* era considerat un proiect fără speranță, mai ales pe o piață pe care tocmai apăruse cu glorie ediția românească a revistei Forbes și pe care se mai aflau publicații precum Money Express, Business Magazin sau Business Standard.

Reputația nefastă a Biz-ului era completată de o serie de datorii consistente. Tipografiile nu îi mai primeau decât cu plata în avans, firmele de curierat care distribuiau revistele voiau tot banii în avans, oamenii din companii nu voiau să mai acorde interviuri exclusive.

Marea provocare a Martei nu era nici măcar să-i convingă de contrariu, ci să-i determine să accepte măcar să se întâlnească față în față cu ea.

Pentru oamenii din industrie, Biz era deja mort și îngropat, iar cu morții „numai de bine", de ce să stai la palavre?

În tot acel an negru al ușilor trântite în nas, Marta a avut câteva momente de inspirație pe care le-a valorificat la maximum.

Învățase deja să se uite spre ceea ce se întâmplă în afară, nu spre România, și chiar dacă lumea se afla în criză economică, pe lângă veștile rele existau și unele bune: apăruse curentul „green" și se vorbea, timid, dar tot mai frecvent, despre sustenabilitate, despre nevoia unui viitor ecologic și despre lumea peste 50 de ani.

Așadar, în toamna lui 2009, revista Biz, sub conducerea Martei Ușurelu, făcea primul Green Biz Forum din România. Un eveniment cu peste 100 de oameni, în curtea Palatului Mogoșoaia, cu corturi desfăcute în bătaia vântului, cu echipa îmbrăcată în verde și cu speranța că lucrurile se vor lega cumva.

Lucian Mîndruță a venit atunci la eveniment, a luat microfonul și a provocat mulțimea, spunând că nu crede în verde, *„ce mai înseamnă și acest verde?",* e doar un verde fals, cosmetizat, el crede în maro mai degrabă.

Și-a continuat tirada explicând cum a venit până la Mogoșoaia cu o mașină hibridă care a consumat mai mult decât dacă venea cu una normală. I-a zgândărit atât de tare pe oamenii de la eveniment încât au început să-l contrazică și s-a născut o dezbatere. La final, toată lumea a conchis că viitorul este verde și că altă variantă nu există.

Rolul de „agitator" al lui Mîndruță reușise cu brio.

Privind înapoi, Marta nu se consideră neapărat o vizionară pentru că a vorbit despre sustenabilitate când în România nici nu se auzise de asta. A prins un val, s-a nimerit să fie acolo și să fie valul potrivit. După toate ghinioanele, această potriveală era un noroc timid, dar totuși un noroc.

În tot acest răstimp, banii pe care îi făcea revista intrau în aceleași conturi pe care le avusese firma până atunci, iar la celălalt capăt se aflau foștii acționari.

Nu se făcuse nicio cesiune, juridic situația firmei era aceeași, doar omul care se afla la cârmă era altul. Prin urmare, foștii acționari avea acces la toate încasările.

Greșeala recunoscută a Martei a fost că nu a avut curajul să spună atunci, în acel moment, că gata, face o altă firmă și că totul s-a terminat. În 2009 educația antreprenorială abia începea și deși învățase unele lucruri de business văzând și făcând, fusese prea ocupată cu resuscitarea unei reviste închise ca să-și pună problema oficializării noului ei statut.

În acel moment a aflat şi că, deşi achitase datorii din urmă pentru ca Biz să meargă mai departe, Rachad i-a solicitat şi o sumă de bani pentru a-i ceda brandul în sine.

Momentul cel mai trist din istoria Biz nu a fost închiderea revistei, ci s-a întâmplat la câteva luni după „renaşterea" orchestrată de Marta.

După luni muncite fără salarii întregi, în martie 2010 urmau să intre, chiar în Vinerea Mare, banii încasaţi în contul ediţiei Zilelor Biz din toamna anului anterior. Aşa sunt termenele de plată în industria presei: pot ajunge şi la 180 de zile.

Toată echipa muncise zi-lumină la Zilele Biz şi redacţia aştepta cu sufletul la gură intrarea acelor bani care însemnau un moment de respiro, după o perioadă de cumplită incertitudine. Totodată, erau şi nişte bani absolut necesari, pentru că a doua zi venea Paştele.

Poate ca o sfidare din partea vieţii, toate momentele grele din viaţa Martei au venit exact când se credea în siguranţă şi când toate calculele indicau o victorie. În Vinerea Mare, când 11 oameni îşi aşteptau salariile, conturile revistei au fost poprite.

Compania nu-şi achitase taxele la stat, aşa că statul pusese poprire inclusiv pe conturile revistei care, în acte, aparţinea tot trustului. A fost cel mai cumplit moment din istoria revistei şi unul dintre cele mai negre din viaţa Martei.

În acea zi de vineri, când au plecat cu toţii spre casele lor, dezamăgiţi şi cu inima strânsă, Marta le-a spus oamenilor un singur lucru: că marți, după Paști, ea va fi în redacție, dar că înțelege dacă ei nu vor mai fi.

După cele trei zile, au revenit toți unsprezece – zece oameni, plus ea – iar atunci Marta le-a ținut un discurs scurt și direct care era valabil și pentru ea, nu doar pentru ei: le-a zis pe șleau că pot să plece cu toții acasă și să meargă se angajeze în alte părți sau pot să încerce din nou, împreună.

A cântărit greu precedentul pe care tocmai îl trăiseră înainte de cădere: se convinseseră că au forța de a face singuri evenimente și proiecte care să conteze, că ideile lor pot să producă bani și să le plătească salariile.

În acel moment din Vinerea Mare s-a frânt o parte din încrederea nebună și inconștiența cu care porniseră la drum, dar a venit altceva în loc. Marta înțelesese că nu e suficient entuziasmul, ci trebuie să existe și un plan, iar acel plan i-a fost clar Martei din acel moment: dacă revista urma să mai aibă un viitor, trebuia să încheie socotelile cu trecutul.

Dacă foștilor acționari le lipsise simțul managerial în multe momente importante ale istoriei Biz, cu Marta s-au dovedit a fi businessmeni până la capăt.

Când Marta a vrut să mute activitatea Biz pe o firmă nouă, Rachad i-a solicitat o sumă de bani ca să-i cedeze brandul. Din nou parcă totul parea a-i fi împotrivă, dar nu s-a lăsat. A găsit suma solicitată la un fost coleg de facultate, care avea o tipografie și care a devenit, pentru o perioadă, acționar minoritar.

Din acel moment, Marta și echipa ei au putut să creeze liber. Au făcut și firma nouă, au învățat cum se plătesc taxele la stat și Marta a trebuit să deprindă tot ABC-ul de antreprenoriat pe care mulți îl disprețuiau la acea vreme.

Când vorbea cu alți antreprenori despre gestiunea unei firme, toată lumea se lăuda cu metode de a fenta autoritățile sau de a se descurca mai ușor cu dările la stat. Era un spirit de frondă împotriva statului, pe care oamenii de afaceri îl simțeau potrivnic.

Pentru Marta, după episodul din Vinerea Mare, când statul poprise conturile companiei, nu mai exista însă decât o cale de a face lucrurile, simplu și corect.

Momentele
în care te simți
„cu mâinile legate"

DACĂ POT SĂ SPUN CĂ URĂSC CEVA, EI BINE, URĂSC NEPUTINȚA. Am scris despre neputință de multe ori pe blog, despre momentele în care vrei să poți face ceva și nu poți.

Îmi amintesc că îl vedeam pe fostul acționar al revistei cum se lupta cu problemele și situațiile financiare din perioada de dinainte să închidă revista și spunea că nu are ce să facă.

Cu această frică am pornit eu la drum în antreprenoriat. Am înțeles sentimentul de neputință pentru că am avut multe momente grele în viață, când am stat neputincioasă pe margine și am văzut cum părinții mei pierd casa și nu mai avem unde locui sau cum tata ajunge la spital și niciun medic nu vine în camera de gardă să-l vadă vreme de trei ore, timp în care ar fi avut o șansă dacă primea un tratament...

Am urât mereu neputința și mi-am propus să fac ceva ca să pot să influența lucrurile. Să am un cuvânt de spus. Să pot să aleg o variantă. Să pot avea o șansă.

Poate de aceea am mereu un plan în minte! Sunt omul care, deși vede partea plină a paharului – culmea, cumva am rămas un om pozitiv în ciuda provocărilor prin care am trecut –, are de fiecare dată o variantă de rezervă în minte.

La 18 ani, când eram deja la primul job, nu visam la iubiți cu case și mașini. Singurul meu gând era să pot să cumpăr un apartament. Și, deși nu aveam șanse fără avans și fără vechime, doar la asta m-am gândit, iar la 26 de ani zugrăveam împreună cu sora mea primul apartament cumpărat. Știam că cel mai mult îmi doresc să am casa mea și să călătoresc!

În antreprenoriat, de frica neputinței am căutat să am diferite soluții de backup și foarte greu am fost încercată în 2020, când din nou am scrâșnit din dinți. M-am gândit cu groază că trebuie să închidem revista și să concediez oamenii. Am trecut prin momente lungi și grele. Dar adversitățile ne-au împins din nou înainte.

Am avut în 2020 cele mai puternice coperte pentru Biz, am triplat cititorii pe online și am făcut primele evenimente hibrid din România. Cum? Cu multe întâlniri și momente dificile, în care căutam idei și variante de a face proiecte care să aducă bani, ca să reușim să ne luăm salariile și să ne mișcăm în pandemie, când toată lumea aștepta vaccinul. Sau să se termine pandemia. Sau să vină ajutoarele de la stat...

Pentru că aveam deja lecțiile făcute din 2009, din 2010 și din fiecare an în care am fost la limită cu banii, am învățat că de noi depinde să arătăm că suntem creativi. Că suntem buni și că un proiect frumos contează. Aduce speranța că se poate. Iar newsletterul Biz Good News, pe care l-am lansat ca să vorbim și despre faptele și întâmplările bune din pandemie, a fost primit cu mare entuziasm de comunitatea de business și a arătat din nou că în lupta cu neputința avem încă arme impecabile.

Cum se recâștigă o reputație

DUPĂ CE MARTA A PRELUAT OFICIAL FRÂIELE REVISTEI BIZ, imaginației pe care o dovedise deja pe vremea când era doar jurnalist i s-adăugat o dimensiune nouă: nevoia de a face proiecte cât mai ingenioase care să vândă și să asigure salariile echipei.

Multe dintre aceste proiecte, care au scris parte din istoria presei românești, au început ca o strategie de supraviețuire. În spatele viziunii ambițioase era o nevoie imensă de predictibilitate și de susținere a unei redacții formate dintr-o duzină de oameni care îi fuseseră alături la bine și la rău.

Proiectul Biz World, poate cel mai cunoscut dintre inițiativele Biz, s-a născut în ianuarie 2011, fiindcă în presă ianuarie și august sunt luni așa-zis „moarte", în care nu se întâmplă mare lucru.

Companiile nu mai au bugete, fiindcă le-au consumat pe cele din anul precedent și încă nu le-au stabilit pe cele din noul an, personajele despre care ai putea să scrii sunt în vacanță, nici măcar nu există știri notabile în jurul cărora să poți croșeta niște analize. În plină criză economică, luna ianuarie 2011 era cu atât mai neagră. Era încremenită.

Majoritatea analiștilor economici de la noi susținea că recesiunea cea mai adâncă ne va ocoli pentru că suntem prea mici, iar România nu e atât de importantă încât să facă parte din tăvălugul crizei financiare.

Pentru că Biz trebuia să iasă cu ceva puternic și relevant chiar și în ianuarie, Marta a găsit o variantă care să aibă impact, să aducă bani de salarii, dar să și răspundă coerent la întrebările pe care oamenii le aveau mai mult ca oricând.

I-a lăsat pe analiștii locali cu teoriile lor și a decis să meargă direct la sursă, la specialiștii care știau ce se

MARTA DE LA BIZ

întâmplă cu Europa. Unde altundeva puteau fi acei oameni decât la Bruxelles?

Au decis să facă o ediție specială Biz Bruxelles, mutând redacția chiar în inima Uniunii Europene, timp de o săptămână.

Scopul era să obțină informații relevante care să nu se perimeze până iese revista din tipar. Pentru că nimeni nu știa nimic concret și pronosticurile se schimbau de la minut la minut, singura lor dorință era ca până la ieșirea pe piață a revistei să nu se întâmple ceva radical în lume și să se dea peste cap toată munca lor.

Acea nevoie de a face un proiect de impact și de a aduce informație reală le-a depășit toate așteptările, iar Biz World a devenit un proiect jurnalistic unic în lume.

De atunci, în fiecare an, în luna ianuarie, redacția Biz se mută – în formulă completă – într-o altă capitală, timp de o săptămână, pentru a lua pulsul unor locuri în care se iau decizii cu impact direct asupra restului lumii, inclusiv asupra României.

Până acum au fost edițiile Biz Bruxelles, Biz Londra, Biz SUA, Biz Germania, Biz Singapore, Biz Austria, Biz Franța, Biz Japonia, Biz Israel, Biz Coreea de Sud, Biz Italia. Plus ediția extraordinară 5 țări într-o singură revistă – realizată online, împreună cu echipa Maresi Foodbroker, în 2020!

După ediția Biz Bruxelles, cabinetul regelui Belgiei le-a trimis o scrisoare de felicitare pentru proiect, iar coperta Biz Singapore din 2015, care a avut un design special creat de Brandient, a adus revistei un premiu internaţional Red Dot, practic Oscarul internaţional în materie de design.

Pentru prima dată, o revistă românească de nişă intrase în rând cu branduri precum Apple, laureate de-a lungul vremii cu acelaşi Red Dot Award.

Retrospectiv, totul a pornit de la o idee *„de criză",* căreia mulţi nu-i dădeau nicio şansă. Dacă oficialii de la Bruxelles erau încântaţi de ideea că o revistă străină îşi mută sediul la ei, colegii de breaslă din România o întrebau cine se crede ea să facă aşa ceva, de vreme ce nici publicaţii mari nu îndrăzniseră asta vreodată.

„A mai făcut cineva? N-a mai făcut. De ce crezi că o să reuşeşti tocmai tu?" Această întrebare a ambiţionat-o pe Marta şi mai tare, la fel de mult ca acel *„Ce poţi să faci tu mai bine decât am făcut eu?"* pe care i-l adresase Rachad.

Atunci şi-a dat seama că, de prea multe ori, oamenii nici nu-şi pun problema să facă lucruri care nu s-au mai făcut niciodată.

Dacă nu a fost încercat, automat este de nefăcut, iar ideea se arhivează în minţile lor în categoria „imposibilelor".

Fireşte că a primit şi clasicele ironii *„Dar la Suceava nu v-aţi fi dus să faceţi revista"*, dar le-a depăşit cu graţie, mai ales că Biz este una dintre primele publicaţii care au organizat evenimente şi în alte oraşe din România.

De fapt, în cei 13 ani de când revista se află sub conducerea Martei, Biz a făcut multe proiecte care au fost premiere absolute.

„Susținem inovația" și *„Sunt un țăran"* au fost două campanii de conştientizare şi fructificare a valorilor româneşti, gândite să ne reamintească cine suntem de fapt. *Biz 48h* a fost o întreagă ediție realizată, de la concept la tipărit, în doar 48 de ore – cu redacția lucrând într-un spaţiu public în care au luat interviuri, au făcut fotografii, au scris texte şi au paginat.

Biz CEO Exchange şi *Biz Marketing Xchange* au fost alte două proiecte nebuneşti, în cadrul cărora Biz a convins oameni din conducerea marilor companii şi respectiv de la cârma departamentelor de marketing ale acestor companii să facă schimb de joburi pentru o săptămână şi apoi să împărtăşească viziunile diferite într-un articol în Biz.

Au acceptat oameni-cheie de la branduri precum McDonald's, Regina Maria, GMP Group, Avon, Coca-Cola, Banca Transilvania, Orange, Cris-Tim, Mastercard, Ursus Breweries, Pepsi, KFC, Microsoft, Dacia & Renault, Mega Image sau UniCredit Bank.

În paralel, *Social Media Summit* aduce la un loc companiile şi influencerii din online-ul românesc, iar *Social Media Camp* şi *Top Social Brands* sunt două evenimente care măsoară activitatea brandurilor în social media şi conectează oamenii din domeniu încă din perioada în care noțiunile de online şi print erau considerate antagonice.

În 2021 a avut loc şi ediția cu numărul 20 a Zilelor Biz, cel mai mare eveniment de business din România: 5 zile, conferinţe şi seminarii din 5 domenii, având ca speakeri antreprenori, manageri și specialiști pe toate domeniile, de la marketing la responsabilitate socială corporativă (CSR).

Nici măcar trofeele de la galele Biz nu sunt simple chinezării inscripționate cu numele câștigătorilor, cum se întâmplă de obicei la gale, ci sunt creații ale unor designeri români de obiect. Pentru că ideea era să nu aibă doar valoare simbolică, prin premiul pe care-l reprezintă, ci și valoare intrinsecă.

E mult mai simplu să iei un plastic frumos și să scrii pe el un premiu și un nume decât să convingi un artist care își vinde creația pe bani că ar putea să se asocieze cu brandul tău și să facă ceva special pentru tine.

Doar că succesul nu e niciodată despre calea ușoară, iar Marta a înțeles devreme că nu poți să faci lucruri mari dacă nu ai curajul să ceri ceva ce n-ar cere nimeni. De asta, Biz a avut mereu coperte create de artiști, serii de spoturi publicitare dedicate Zilelor Biz (multe ajunse virale pe YouTube) și multă valoare adăugată reală.

Ca *modus operandi*, dacă lumea se duce toată într-o direcție, Marta se întreabă ce ar fi dacă ar merge în direcția opusă și oare ce se află acolo. Așa a creat, în plină pandemie, două proiecte care să contrabalanseze anxietatea și panica pe care le simțeam cu toții.

Într-o lume în care auzim frecvent că Binele nu vinde și în plin lockdown, redacția Biz – care lucra de acasă și făcea ședințele pe Zoom – a creat o secțiune specială pe site, numită BizRemote, despre provocările lucrului de acasă în România anului 2020.

În acel moment de teamă firească, umană, Marta şi-a dat seama că mecanismul speranţei este vital pentru tot ceea ce avea să urmeze.

Pe când cele mai multe televiziuni şi site-uri erau blocate în statisticile de infectări şi decese, BizRemote scria despre România care lucrează remote, dar lucrează, despre cum economia nu stă pe loc, despre cum putem să găsim soluţii şi despre cum ne putem ajuta unii pe ceilalţi.

BizRemote încă există ca secţiune pe site, iar la momentul lockdownului cuprindea ştiri concrete: diferitele feluri în care companiile pot lucra remote şi îşi pot ajuta angajaţii să se protejeze în acestă perioadă, interviuri cu pacienţi vindecaţi de coronavirus, tratamente posibile pentru COVID-19, strângeri de fonduri care aveau loc şi iniţiative sociale care să facă navigarea prin aceste vremuri mai uşoară pentru toţi.

În paralel şi tot lucrând de acasă, Biz a lansat în acea perioadă şi newsletterul *Biz Good News*, la care oamenii se pot în continuare abona gratuit, pentru a primi pe e-mail altfel de ştiri decât cele cu suntem inundaţi la televizor. Ştiri de bine.

După pandemie, primul eveniment Biz cu public – pe lângă toate cele care s-au organizat hibrid, cu speakerii pe scenă şi publicul online – a fost lansarea primei coperte NFT din România, inspirată de emisiunea Imperiul Leilor. Denumită „Lionheart", ea a fost licitată pe o platformă internaţională, în beneficiul copiilor de la Hopes & Homes România.

Marta despre

inspirație

MĂ BUCUR SĂ VĂD CÂT SUNT DE APRECIATE PROIECTELE BIZ ȘI SUNT MÂNDRĂ DE ECHIPA MEA. Fiecare succes ne încântă, dar în același timp știm cât de important este să nu ne culcăm pe lauri!

Indiferent cât de tare ai fost ieri, dacă astăzi nu te ridici la înălțime, oamenii te uită. Nici nu mai contează ce ai făcut înainte.

Am învățat *the hard way* lecția asta în 2010, când am preluat revista. Biz a fost încă de la lansare cea mai curajoasă și inovatoare ca layout și conținut revistă de afaceri,

dar când am preluat-o eu începuseră să apară şi alte re-
viste de business, în trusturi mari care aveau şi marketing
puternic, şi publicitate pe TV. Noi nu aveam bugete pen-
tru TV, nici un investitor care să ne ajute financiar.

Eram doar noi, o mână de oameni care, îmi amin-
tesc cu mare drag şi acum, ne întâlneam zilnic şi făceam
şedinţe, în căutarea unor soluţii. Dar nu găseam nicio
idee salvatoare. Eram toţi speriaţi de criză, dar dornici să
reducem Biz între cele mai puternice reviste. Şi, în plus,
spre disperarea noastră s-a anunţat şi că urma să intre
Forbes pe piaţa din România. Am crezut sincer, atunci,
că nu mai avem şanse, dar am spus că vom lupta până în
ultimul moment.

Cum nu găseam nicio idee
salvatoare, am făcut ceea ce ştiam
cel mai bine: articole şi interviuri
cu valoare adăugată, concepte
creative pentru copertele Biz, în
care ne-am propus cu încăpăţânare
să dăm viaţă businessului
românesc, evenimente cu teme
fresh, neabordate până atunci, şi

cu invitați foarte buni vorbitori. Dorința de a arăta că suntem buni, că ne știm și iubim meseria s-a văzut în rezultatele muncii noastre. Așa au apărut copertele imposibile, așa cum au fost denumite de toată lumea: cei mai importanți oameni din online pozați la bustul gol și pictați în culori tribale africane sau echipa de fotbal de CEO, Biz la piscină, campaniile „Susținem inovația" și „Sunt un țăran" sau proiectul internațional Biz World, concept unic în lume, prin care ne mutăm redacția în fiecare an într-o altă mare capitală a lumii. De 12 ani!

Cumva, în lipsa ideii geniale pe care o tot căutam la ședințele noastre, ne-am poziționat prin creativitate și prin fiecare proiect și campanie pe care le făceam! Și le-am făcut bine, pentru că, în ciuda crizelor, a concurenței din ce în ce mai puternice și a problemelor financiare, am început, ușor, ușor, să creștem.

Știu că sună ciudat, dar pe noi ne-a motivat frica și, spre marea noastră bucurie, în doar câțiva ani, am reușit să ne impunem atât ca una dintre cele mai bune reviste de business și ca organizator de evenimente de business, cât și drept cel mai inovator boutique de creație pentru proiecte speciale.

Iar ceea ce s-a impus în piață și a rămas în continuare ca semnătură este reacția noastră rapidă la ce se întâmplă. Faptul că lansăm cel mai rapid proiecte și idei, în linie cu tot ce este nou, și, pe lângă rapiditate, suntem și prolifici. Nici nu terminăm un proiect, că avem deja schițate alte două. Nu este ușor și, sincer, nu toată lumea ține pasul. Avem mulți colaboratori care, după ce stau una-două luni cu noi, ne spun că nu pot face față. Da, știm, nu oricine poate lucra la Biz!

„Dar cine e, domnule, în spatele Biz?"

ACEASTA ESTE PROBABIL CEA MAI NEDREAPTĂ ÎNTREBARE pe care o poți adresa unei femei care detestă nedreptatea.

Marta a primit-o de nenumărate ori în interviuri, inclusiv din partea unor colegi de breaslă care o cunoșteau de ani de zile și care îi urmăriseră parcursul profesional.

„Bine, bine, tu conduci revista, dar cine e în spate? Cine e cu ideile și cu banii?", „Cu cine pot să vorbesc de la Biz, omul care vine cu toate ideile astea creative?"

I s-a întâmplat inclusiv ca oameni care îl cunoșteau atât pe ea cât și pe soțul ei, Cristian Manafu, să-i spună pe şleau: *„Lasă că-l întreb eu pe Manafu şi o să-mi spună el cine este, de fapt, în spatele revistei Biz".*

Să ne imaginăm, pentru un moment, că Marta Uşurelu ar fi bărbat.

S-ar duce vreun jurnalist la un antreprenor bărbat care a făcut toate lucrurile descrise în această carte şi ar avea curajul să-l întrebe: *„Bun, bun, dar ştiu că dumneavoastră sunteţi doar un paravan, cine e creierul din spate?".*

Din contră, dacă un bărbat ar fi făcut toate cele descrise în acest volum, probabil lumea ar fi vuit despre cât de vizionar şi curajos este.

Când este o femeie cea care sparge normele cu privire la ceea ce se poate face şi ce nu, lumea ia aminte, dar lipseşte vuietul. Nu se aud aplauze, ecoul este mai timid şi parcă tot ceea ce ai făcut tu ca femeie este grozav, dar nu atât de grozav cum ar fi fost dacă o făcea un bărbat.

Nu e vorba despre feminism, e strict o constatare obiectivă, într-o lume în care se organizează evenimente despre femei în business la care sala e plină de bărbaţi, dezbateri despre rolul femeii în societate unde iau cuvântul aproape doar bărbaţi şi unde bărbaţii acceptă mai greu să achieseze la un proiect pe care îl girează o femeie.

Martei încă i se întâmplă, după 30 de ani de carieră şi 13 de antreprenoriat, să meargă la întâlniri cu diferite branduri, împreună cu oamenii ei din redacţie, şi directorii companiilor să se adreseze bărbaţilor din echipă, ignorând femeile.

La final, când trebuie să se ia decizia, toată echipa se uită înspre Marta, iar directorii se fâstâcesc brusc.

Avem încă înrădăcinat în mentalul colectiv faptul că femeile pot face un business de succes doar dacă sunt în tandem cu un bărbat care, desigur, este creierul, în timp ce ele asigură fațada elegantă. Sau că femeile pot face singure afaceri doar cu condiția să fie pe domenii recunoscute ca fiind *„de fete”*: saloane de înfrumusețare, grădinițe, creșe, studiouri de machiaj.

Chiar dacă Marta este o femeie puternică – a fost numită chiar *„doamna de fier”*, de câteva ori – și oricum a devenit imună la părerile oamenilor, această întrebare legată de *„adevăratul om din spatele Biz”* a durut-o de fiecare dată. E exasperant să te lupți zilnic pentru un business și oamenii să nu creadă nici măcar că tu ești omul care se luptă de fapt.

Însuși faptul că o femeie trebuie să se justifice și să explice faptul că munca ei chiar îi aparține ei, și nu altuia, arată cât de multe lucruri sunt greșite în această lume.

Spre dezamăgirea tuturor celor care cred că un business de publishing care inovează trebuie neapărat să aibă un bărbat puternic care furnizează ideile și ține afacerea, în spatele Biz se află Marta Ușurelu, alături de echipa enumerată în caseta redacțională.

Oamenii din chenarul de pe fila a doua a oricărui număr de Biz sunt unicul răspuns posibil la întrebarea: *„Doamna Ușurelu, cine e de fapt în spatele brandului Biz, cine vă susține?”*.

Între timp, Marta s-a împăcat cu faptul că această întrebare nu vine întotdeauna din răutate, ci și din incapacitatea unor oameni de a privi lumea cu bună-credință. Pentru ca totul să fie bine în filmul pe care și l-au făcut în propria minte, unii oameni au nevoie să-și întrețină convingerile limitative. Sigur cei care au făcut ceva notabil au avut un sprijin din afară, sigur oricine are succes face, în realitate, și alte lucruri decât cele care se văd.

Iar dacă o femeie reușește să spargă tiparele, atunci clar e ceva necurat acolo, are un spate puternic, cineva care nu vrea să iasă în față, dar care vine de fapt cu banii și ideile. E dureros, dar de multe ori trebuie să accepți că e vorba despre limitele altora, nu despre ale tale.

Marta despre

spiritul dreptății și aversiunea la nedreptate

ÎN COPILĂRIE ȘI ADOLESCENȚĂ SUNTEM ÎN-VĂȚAȚI SĂ NU DERANJĂM, să nu vorbim neîntrebați și să nu ne comportăm așa cum simțim. Parcă cineva dorește să ne niveleze și să ne taie din personalitate, exact din partea care ne diferențiază. Ani buni mai târziu îți dai seama că exact acel mod diferit de a fi te face special! Și uite așa, după ce ani de zile ne străduim să nu fim cum suntem de fapt, ajungem ca, după 40 de ani, să ne chinuim să ne redescoperim sau să ne reinventăm!

La acest capitol pot să spun că eu n-am excelat. Deși am fost un copil cuminte, care se comporta mai degrabă ca un băiat, pentru că mă jucam cu indieni și cu mașinuțe, citeam mult, îmi plăceau mai ales cărțile de aventuri. Și îmi plăcea să le dezbat cu tata! ”Cei trei muschetari”, ”Cocoșatul” lui Paul Féval, ”Ivanhoe” și ”Winnetou” au fost câteva dintre cărțile pe care le-am îndrăgit mult și de multe ori am simțit că într-o altă viață am fost un cavaler al dreptății. Poate de aceea n-am prea reușit să țin în frâu comportamentul vulcanic care mă caracterizează și care apare de fiecare dată în momentele în care sesizez o nedreptate, la adresa mea sau a altcuiva.

Am intrat în multe situații neplăcute luând partea celor nedreptățiți și, când mi-am dat seama că trebuie să fiu mai diplomată, deși am încercat, nu am reușit să devin "Elveția". Mai mult, în special de când sunt antreprenor mi-am dat seama că acest mod de a fi, în cazul meu cel puțin, este unul sănătos.

Cred cu tărie ce spun și ce fac și trăiesc Acum. La mine totul este clar și direct, pentru că am înțeles că anii nu se reîntorc să-i retrăim. Nimeni nu ne dă anii din pandemie înapoi, nu? Și mai știu

că e mai bine să-mi spun punctul de vedere decât să adun frustrări și să mă încarc cu regrete și nervi.

În fața nedreptății am spus Nu. Atât clienților, cât și celor cu care nu-mi doresc să lucrez. **Și nu, nu cred că trebuie să spui Nu doar când îți permiți, cum argumentează mulți oameni. Încă din primele luni de antreprenoriat, când eram disperată să găsesc companii pentru care să facem proiecte, am decis să îmi selectez atent partenerii.** Nu e că stăteau la coadă 100 de clienți nepoliticoși și eu i-am refuzat. Din contră, majoritatea oamenilor sunt OK și mă bucur că am decis așa. **De ce? Cel mai mult îmi displace abordarea celor care te privesc de sus doar pentru că sunt într-o anumită poziție, într-un anumit moment în timp. Am văzut atâția oameni care ieri erau cineva și azi nu mai sunt nimeni, încât știu că să fii om contează mult mai mult. Și să lași loc de bună ziua! Iar să-ți faci jobul cât mai bine posibil este cea mai bună carte de vizită.** Așa că am lăsat frâu liber personalității și mă bucur că am decis asta, pentru că am ales să nu lucrez cu oamenii cu care nu rezonez și nu ne respectă munca.

Privind în urmă, nu cred că am pierdut, din contră, mi se pare că am câștigat multă liniște. Și am mai observat ceva: roata se învârte. Fie că ne place sau nu. Și e bine să fii atent cu cine ești om și cu cine nu!

Doamna **offline** în lumea **online**

PENTRU MARTA, RELAȚIA INTERUMANĂ ESTE INSEPARABILĂ DE IDEEA DE VOCE.

Să auzi vocea cuiva, inflexiunile, tonul, să simți dacă râde sau dacă e serios. Toate relațiile ei se află în offline sau, cel mult, la un telefon distanță.

Într-o lume în care toți ne dăm mesaje pe WhatsApp, Marta e cea care fie se întâlnește față în față cu omul respectiv, fie pune mâna pe telefon și îl sună.

Din tonul vocii unui om își dă seama din start dacă o anumită propunere îi surâde sau nu și dacă un proiect la care lucrează se va materializa sau ba.

Dacă mesajele scrise au făcut viaţa mai uşoară introvertiţilor sau celor care simt nevoia să pună o demarcaţie clară între ei şi lume, Marta este o extrovertită exuberantă care se hrăneşte din interacţiuni reale, nemijlocite. Oamenii îi plac, o intrigă şi n-o obosesc niciodată. Dar mai ales îi trezesc o mare curiozitate.

Multe dintre momentele memorabile ale carierei au pornit exact de la această curiozitate care o face să intre în vorbă cu toată lumea.

Personajele din revistă sunt doar partea vizibilă a interacţiunilor Martei, pentru că se concretizează în poveşti tipărite. Dar cine iese cu Marta măcar o singură dată la o cafea va constata cu uimire că ea ştie pe toată lumea şi toată lumea o ştie pe ea.

Chiar dacă intră pentru prima oară într-un loc, mereu cineva o salută fiindcă o cunoaşte din altă parte: chelnerul îşi aduce aminte de evenimentele pe care le organiza Biz în locul unde lucrase el cu ani în urmă, domnul de la intrare îi aminteşte că s-au cunoscut acum cinci ani, la un alt eveniment, într-un alt loc, iar oamenii pe care abia acum îi cunoaşte o să-şi aducă sigur aminte de ea data viitoare.

Marta e imposibil de uitat, pentru că oamenii nu uită cum s-au simţit în preajma ei. Au fost văzuţi, ascultaţi, au râs, cineva a intrat în vorbă cu ei şi şi-a manifestat un interes sincer.

Mulţi oameni se intitulează „*people person*", dar le plac oamenii doar de la funcţia de CEO în sus. Pentru Marta, lumea nu se împarte în oameni importanţi şi oameni mai puțin importanți, oameni de la care ai un interes și oameni fără nicio miză.

Tocmai pentru că este un om pornit dintr-o familie normală și un mediu obișnuit, care s-a construit pe sine de la zero, când spune că îi plac oamenii, Marta se referă la toate felurile de oameni: de la femeia de serviciu la cel mai important director de companie.

Toți o știu pe *„doamna Marta"* și o respectă fiindcă și ea îi respectă, oricine ar fi ei. Și, când e cazul, le ia partea. La fostele ei locuri de muncă, avea colegi care erau gentlemeni în relațiile lor de zi cu zi, dar se purtau urât cu femeia de serviciu din redacție sau o trimiteau să le cumpere țigări când afară era viscol. *„Nu ți-e rușine? Ar putea să fie maică-ta!"* era mereu replica Martei.

Asta i-a atras multe antipatii, dar – așa cum este imună la refuzuri – Marta este imună și la părerile oamenilor despre ea, mai ales atunci când apără o chestiune de principiu. Iar pentru ea, oamenii simpli – și mai ales oamenii în vârstă – sunt un subiect delicat.

„Există printre noi mulți oameni care nu au avut în viață un job important, au fost oameni de rând, dar dacă sunt muncitori și și-au făcut mereu treaba, de ce să te porți urât? Doar pentru că sunt mai prejos decât tine pe scara socială?"

Așa se înflăcărează Marta când o provoacă cineva pe această temă și crede din toată inima că nu există oameni *„de rând"*. Fiecare om poate să fie pus în valoare și să scoată din el lucruri nebănuite dacă se află în mediul potrivit.

Una dintre prietenele ei din copilărie are o mamă care a lucrat toată viața ca femeie de serviciu și care, ieșită la pensie fiind, s-a angajat tot ca femeie de serviciu într-o agenție de publicitate.

Când Marta s-a reîntâlnit cu ea după mulți ani, a fost uimită cât de tonică și fericită era doamna respectivă la cei 70 de ani ai ei. I-a povestit Martei că merge în team building cu colegii ei, că a învățat cuvinte noi de când lucrează acolo și că se simte respectată și parte dintr-o comunitate.

Despre asta e vorba: orice om are locul lui, iar dacă îți plac oamenii cu adevărat, îți place fiecare om fix pentru ceea ce este el.

Oamenii care se află în jurul Martei spun mereu că ei i se deschid toate ușile sau că reușește să facă un culoar acolo unde nimeni altcineva nu reușește. Un secret simplu, dar pe care nu oricine îl poate înțelege, este această relație specială pe care o are cu oamenii.

Dacă-i vorbim despre o adresă a unei locații de evenimente din București, Marta va avea în agendă atât numărul de telefon al proprietarului cât și al omului de la tehnic, cel care știe unde sunt prizele și unde se pot depozita materiale.

Când Marta intră undeva și se salută cu toată lumea, mulți sunt impresionați, dar pentru câțiva această familiaritate echivalează cu o slăbiciune sau cu o cădere în rang. Cum adică să te comporți amical cu omul care trage cabluri?

Marta a întâlnit și astfel de persoane, pentru care relația ei firească cu oamenii obișnuiți reprezintă un *„faux-pas"*. Îi recunoaște instantaneu, din reacțiile de moment, dar o interesează prea puțin. Cei care gândesc așa nu sunt oricum genul ei de oameni.

Tocmai de asta, una dintre ambițiile ei, ca om de presă, a fost să scoată firescul din oameni.

Firescul se bate cap în cap, pentru ea, cu acel *„small talk"* pe care îl face toată lumea, ca să umple tăcerea cu ceva. Există oameni care pot vorbi ore în șir unii cu alții fără să împărtășească vreo informație notabilă și există alții, ca Marta, care întreabă doar lucruri pe care chiar vor să le știe.

Cum merge industria, ce se întâmplă în piață, cum ai reușit să depășești acel moment, te-ai gândit vreodată să faci ceva pe tema asta, ce părere ai de chestia asta, crezi că ar merge așa ceva?

Oamenii au nevoie să comunice unii cu alții, dar conversațiile de complezență devin tot mai obositoare. Așadar, un om care vine către ei și îi întreabă exact acele lucruri pe care alții evită să le formuleze ca să nu pară prea direcți sau curioși, ei bine, o astfel de persoană poate fi reconfortantă.

Multe idei de proiecte, colaborări sau simple prietenii se nasc pentru Marta din acest tip de interacțiuni bazate pe idei și subiecte reale, nu pe faptul că doi oameni se află în același loc, în același timp, și trebuie să vorbească despre ceva.

Dacă un subiect nu i se pare interesant sau nu poate contribui real la el, Marta se va scuza elegant şi se va retrage. Multă vreme i s-a părut că are un stil prea abrupt de a selecta oamenii şi conversaţiile, dar cu timpul a făcut pace cu felul ei de a fi.

În ziua de azi, asta este şi o formă de sinceritate faţă de propria persoană şi faţă de ceilalţi: între un om care te ascultă vorbind o oră, în timp ce se gândeşte la cu totul altceva, şi un om care vorbeşte cu tine mai puţin, dar este prezent cu totul acolo, cine e de preferat?

Tocmai pentru că este un om al rezultatului şi al acţiunii, întâlnirile profesionale ale Martei sunt eminamente eficiente. Nu este genul de om care să stea într-o şedinţă jumătate de zi, nici patru ore la o întâlnire de afaceri, învârtindu-se printre apropouri şi subtilităţi.

E o formă de disciplină personală care ţine tot de programul de lucru şi de priorităţi: respectă timpul – al ei şi al altora – şi nu-i place să-l irosească.

Dacă e vorba despre o întâlnire de plăcere, ar putea sta şi o zi întreagă de vorbă cu prietenii, însă o reuniune profesională care are un scop şi se termină fără ceva concret, oricât de mic, reprezintă pentru Marta o ratare.

Să te întâlneşti cu nişte oameni deştepţi şi să nu rămâi, la final, măcar cu nişte idei interesante, cu o direcţie sau cu nişte concluzii ale întâlnirii i se pare tot o formă de „*small talk*" din care nimeni nu are nimic de câştigat. Iar pe Marta nimic nu o energizează mai mult decât o discuţie deşteaptă, cu oameni interesanţi.

Experiența a învățat-o că și relațiile dintre branduri, dintre companii, dintre oameni care au funcții înalte au la bază tot relații interumane. Dacă nu reușești să treci de funcția de pe cartea de vizită, nu vei reuși să faci niciodată lucruri mari.

Chiar dacă au fost perioade în care oamenii nu-i răspundeau la telefon, când încerca să repună pe picioare Biz, tot prin oameni au venit și micile victorii care au făcut-o să meargă mai departe. Cum ar fi povestea trăită cu inginerul și omul de afaceri George Iacobescu, președintele celui de-al doilea grup financiar din Londra ca importanță, Canary Wharf.

Biz făcuse un interviu cu el pentru ediția Biz Londra, cu câteva săptămâni înainte să se anunțe că regina a decis să-i acorde titlul de Sir. Odată apărută știrea, toate revistele și televiziunile din România își doreau un interviu cu românul despre care până atunci nu auziseră nimic.

Atunci, George Iacobescu a făcut un gest cu adevărat demn de noul său titlu. Le-a răspuns tuturor politicos, dar ferm: *„Mulțumesc, dar eu nu dau niciun interviu până nu apare pe piață Biz, fiindcă ei au vrut să vorbească cu mine înainte să fiu Sir"*.

Marta zâmbește de fiecare dată când rememorează momentul, pentru că n-ar fi îndrăznit niciodată să-i ceară așa ceva. A făcut-o fără să i-o solicite nimeni, pentru că așa a simțit. În viață, chiar nu e totul despre brand, audiențe și cifre, ci despre ceea ce lași în mintea omului cu care te întâlnești și felul în care-l faci să te respecte.

Deşi un om imun la refuzuri, Marta nu se supără dacă i se spune NU atunci când propune un proiect cuiva. „NU" este un răspuns foarte bun şi niciodată nu a făcut pe cineva să se simtă prost sau vinovat pentru că a refuzat-o.

Se supără, în schimb, când nu i se răspunde deloc şi când toate mesajele şi telefoanele par că se lovesc de un zid. Tăcerea nu e un răspuns care s-o mulţumească, fiindcă o consideră o lipsă de respect: omul care ţi-a scris nu merită nici măcar un minim efort de a apăsa butonul „Reply" şi a tasta un DA sau NU?

Totuşi, pe o piaţă în care Marta se află în aceeaşi poziţie de ani de zile, iar oamenii din jur schimbă frecvent companiile pentru care lucrează şi poziţiile pe care le ocupă, se ajunge uneori la situaţii de-a dreptul ironice.

I s-a întâmplat ca oameni care nu i-au răspuns niciodată la un e-mail când erau pe o anumită poziţie să-şi schimbe jobul şi să ceară o recomandare sau să o abordeze ca şi cum nimic nu s-ar fi întâmplat. Marta este, de fiecare dată, politicoasă, dar şi sinceră: „Ştii pe cine ai sunat? *Ştii că timp de doi ani nu ai răspuns niciodată la vreunul dintre e-mailurile mele? Spune-mi şi tu cum aş putea eu să te recomand ca profesionist, dacă niciodată nu am vorbit*".

Pentru a obţine totuşi un răspuns, fie el DA sau NU, Marta şi-a făcut un sistem propriu de abordare. E-mail, telefon şi, dacă nici telefonul şi nici e-mailul nu au avut ecou, un SMS de reamintire. *„Ţi-am trimis un e-mail, dacă poţi să-mi răspunzi, te rog, ca să ştiu situaţia. Mulţumesc."*

După acești trei pași, consideră situația rezolvată, într-un fel sau altul, și nu mai insistă niciodată. Este modul ei de a se asigura că mesajul a ajuns la omul respectiv și se simte împăcată cu gândul că a făcut tot ce a putut.

Nu este de mirare că lumea în care trăim a consacrat un nou termen care să descrie raporturile fugitive ale oamenilor unii cu alții: GHOSTING. Aversiunea oamenilor față de posibilitatea de a primi răspunsuri negative sau de a-și asuma un refuz face ca varianta „dispariției" totale sau a ignorării radicale a mesajelor să pară mai atractivă sau mai facilă decât un simplu „Nu, mulțumesc".

Atitudinea relaxată a Martei în privința propunerilor și a refuzurilor îi dezarmează uneori pe cei care nu se așteaptă să fie abordați atât de direct și cu toate cărțile pe masă.

La un moment dat, și-a dat seama că nu făcuse niciodată un proiect cu un anumit brand, așa că i-a scris direct CEO-ului.

"Bună, sunt Marta Ușurelu de la Biz și îți scriu acest e-mail pentru că aș vrea să ne cunoaștem. Suntem de 20 de ani în aceeași piață și mi-am dat seama că nu ne-am intersectat niciodată până acum."

Persoana a fost surprinsă de abordare, iar din ieșirea la cafea s-au născut o amiciție și, ulterior, o serie de proiecte.

Catalizatorul a fost faptul că Marta a avut curaj să spună cuvintele *„Hai să ne cunoaștem"* și să își expună intențiile din prima. Este tot un lucru simplu, nu e niciun secret la mijloc, iar oamenii care o întreabă cum reușește să aibă relaţii atât de strânse cu toată lumea se aşteaptă, probabil, la tactici mult mai elaborate.

Să reuşeşti să creezi un raport uman firesc cu oamenii, în zilele noastre, dincolo de cartea de vizită şi de interesele pe care le are fiecare parte, a devenit însă cel mai complicat lucru dintre toate.

Arta de a
conecta
alți oameni

FAPTUL CĂ ESTE OMUL OFFLINE-ULUI ȘI AL RELAȚIILOR DIRECTE a transformat-o pe Marta într-un fel de conector al oamenilor de business. Biz-ul este acel teritoriu neutru, acea Elveție unde toată lumea se arată exact așa cum este de fapt, fiindcă nu este judecată sau arătată cu degetul.

Evenimentele ei conectează oamenii la nivel profesional, dar și personal, fiindcă în epoca în care totul se întâmplă offline, oamenii au uneori nevoie de ceva care să-i zgâlțâie puțin și să-i așeze în fața unor perspective pe care ei nu le-ar lua singuri în considerare.

Marta este omul care, în societatea plină de filtre și bariere mentale în care trăim, vine și spune direct: *„Vreau să fac chestia asta pe care n-a mai făcut-o nimeni. Nu vrei să participi și tu?", "Am în minte o treabă nebunească. Hai și tu!".*

Primele idei nebuneşti au fost acele coperte Biz în care oameni recunoscuţi pentru sobrietatea lor erau convinşi să se pozeze pe salteaua din piscină sau să se dea cu parapanta, apoi evenimentele în care oameni de marketing şi ulterior CEO făceau schimb de posturi între ei, timp de o săptămână.

Tot aşa a apărut şi un concept unic în media românească, tabăra Biz, ediţia de vară şi respectiv cea de iarnă.

Când au pornit prima ediţie a taberei Biz de la Pârâul Rece, în anul 2011, şi-a dorit să aducă oameni din toate industriile într-un context informal în care fiecare să se arate aşa cum este, dar mai ales aşa cum nu are ocazia să se prezinte în existenţa lui zilnică.

A fost un pariu riscant, pentru că într-un mediu de business în care toată lumea are orgolii, Marta le-a cerut să lase acasă cărţile de vizită, costumele elegante şi noţiunile din fişa postului şi să vină, în schimb, cu vulnerabilităţile, glumele şi toate lucrurile pe care nu sunt obişnuiţi să le etaleze public.

Unora le reuşeşte, altora nu, dar oricine a trecut pe la una dintre cele peste 25 de tabere Biz organizate până acum a plecat după cele trei zile de „cantonament" cu ceva palpabil: cu contacte noi, cu prieteni pe care nu-i avea înainte, cu idei neaşteptate şi cu o altă viziune despre propria persoană.

Ceea ce Marta şi Biz au reuşit să facă în cadrul taberelor Biz a fost un soi de *team building* cu oameni care nu fac parte din aceeaşi echipă.

A adus împreună industrii concurente, oameni care, teoretic, nu se suportau unii pe alții în viața profesională, bloggeri care își suflau unul celuilalt în ceafă, oameni pe care abia reușești să-i aduci împreună într-o sală de conferințe, cu atât mai puțin într-un fel de bootcamp în care să se vadă reciproc în pantaloni scurți la micul dejun.

Ceea ce se întâmplă în tabere rămâne în tabere, e ca un spațiu „safe" în care toată lumea poate fi vulnerabilă și relaxată, tocmai pentru că știe că nu se află în lumina reflectoarelor.

Dincolo de partea de conexiune interumană, se întâmplă însă multe revelații și concluzii individuale, pentru că mulți dintre participanți se regăsesc, pentru câteva zile, într-un mediu total diferit de viața lor obișnuită. În acea tabără nu sunt nici manageri, nici soți, nici mame și tați, așa că se redescoperă pe sine.

Pe Marta a marcat-o un moment în care o participantă la tabără a început să plângă când și-a dat seama că, de zece ani, nu mai plecase nicăieri de una singură, fără soț și copii, și că uitase să se mai gândească măcar la ceea ce îi place și la cum obișnuia să se distreze pe vremuri.

De fapt, toți oamenii care participă la ideile nebunești ale Martei spun mai întâi „De ce?", apoi „N-o să iasă niciodată", după care pleacă convertiți pentru totdeauna la ceea ce au văzut și au trăit acolo.

Acest *„Nu se poate"* fusese refrenul pe care Marta îl auzea și la începuturile Biz, când era redactor, apoi redactor-șef, și venea cu ideile nebunești pe care nu le mai făcuse nimeni.

Pentru una dintre revistele din trustul BMG, revista Class, făcuse o copertă cu cei mai în vogă actori ai momentului, la masculin: Manole, Bordeianu, Piersic Jr., toți cei care făceau valuri la începuturile anilor 2000, reuniți pe scena de la Odeon.

Și atunci, ca și la toate copertele și proiectele care implicau mai mulți oameni la un loc, Marta se confrunta cu un „Nu se poate" însoțit de aceleași argumente: oamenii nu se suportă între ei, orgoliile sunt prea mari, s-au certat acum niște ani, se știe că se antipatizează, nu ar vrea niciodată să apară unul lângă altul și tot așa.

Marta, cu amestecul ei de diplomație și cacealma – pe care-l dobândise de nevoie – știa cum să abordeze situația astfel încât să le vorbească uman și să-i și convingă.

Când unul dintre personaje se dovedea a fi mai reticent, îi spunea, cu toată seriozitatea, că e păcat să nu accepte, fiindcă toți ceilalți din shooting au fost de acord.

În momentul în care apărea argumentul „celorlalți", discuția se purta deja altfel. Firește că oricare dintre ei putea verifica punând mâna pe telefon, dar nimeni nu o făcea. Nu le plăcea ideea de a fi singurii care lipsesc din proiect, iar odată ajunși la fața locului se simțeau mai bine decât ar fi crezut.

De-a lungul vremii a primit și multe confesiuni spontane, de la oameni care se lăsaseră greu convinși, dar care, în entuziasmul ședinței foto, spuneau de fapt adevărul: *„Bine măcar că ne mai adunați voi așa, că altfel noi nu ne-am strânge niciodată toți la un loc".*

Inclusiv pentru ei acest „Nu se poate" sau „Nu se face" era o oprelişte, iar Marta părea să fie singurul om asupra căruia cuvântul „NU" era total lipsit de putere.

Un lucru pe care l-a constatat în cei 20 de ani şi mai bine de carieră este faptul că funcţia, în sine, crispează. Funcţia, statutul, poziţia, toate sunt deopotrivă deschizătoare de uşi şi închizătoare de perspective.

Când se gândesc la un om cu funcţie mare într-o companie, la o vedetă sau la un om de afaceri cunoscut, foarte mulţi jurnalişti aproape că nu îndrăznesc să pună unele întrebări sau să pluseze cu idei care ar putea fi considerate exagerate, precum o copertă îndrăzneaţă sau un proiect ieşit din tipare.

Le e teamă că persoana respectivă se va simţi jignită, se simt intimidaţi de importanţa persoanei sau nu se simt confortabil să expună unui refuz.

În acest sens, Marta, cu imunitatea ei nativă la refuzuri, nu purta niciuna dintre aceste poveri. Indiferent de poziţia în care se aflau personajele ei, pentru ea erau în primul rând nişte oameni normali, cu propriile lor preferinţe, speranţe, orgolii, gusturi.

Dacă le vorbeai ca unor oameni, nu ca unor funcţii, puteai avea surpriza să ajungi repede la un punct comun. Nu funcţionează pentru toată lumea, dar pe cei care nu rezonează cu tine ţi-i asumi ca atare şi mergi mai departe.

Show me the money

ACEASTA NU ESTE DOAR REPLICA PERSONAJULUI INTERPRETAT de Cuba Gooding Jr. în filmul *„Jerry Maguire"*, ci şi numele unui newsletter lansat de Biz în 2021 pentru a arăta cum se fac şi cum se cheltuiesc banii în cel de-al doilea an de pandemie.

Chiar dacă Marta a intrat în lumea presei ca jurnalist, deci om de conţinut, partea de vânzări, banii pe care îi făceau publicaţiile la care lucra, au contat mereu. Nu se amesteca în partea de vânzări, dar îşi dorea ca munca ei şi a echipei să fie cât mai bine pusă în valoare.

A prins inclusiv acea perioadă despre care toată lumea vorbeşte cu atâta reverenţă nostalgică încât a devenit aproape un mit: când revistele făceau atât de mulţi bani încât erau mai multe pagini de reclame decât pagini cu articole efective.

Redacția era mereu pe front deschis cu departamentul de vânzări, fiecare încercând să-și impună voința.

Marta își amintește și ea cum niciodată nu erau suficiente pagini și cum, pe ultimul moment, veneau reclame în plus, astfel încât jurnaliștii erau nevoiți să scoată articole la care lucraseră săptămâni întregi.

Varianta online-ului nu exista pe atunci, la începutul anilor 2000, astfel încât un articol care nu intra în ediția curentă avea toate șansele să se perimeze până la următorul număr și să nu mai apară niciodată.

Era o muncă aruncată la gunoi, care îi frustra pe mulți jurnaliști, dar îi încânta pe cei aflați la conducerea revistelor. La acel moment, se făceau atât de mulți bani încât revistele bune aproape că se vindeau singure.

Totuși, în mijlocul bătăliei pentru pagini dintre oamenii de vânzări și jurnaliști, Marta a fost mereu prietenă cu cei din departamentul de vânzări. Când era vorba de un proiect în care ea credea, iar oamenii de vânzări dădeau înapoi, Marta se ducea să vândă singură.

Unul dintre primele evenimente pe care le-a vândut aproape singură, pentru vechiul Biz, unde era doar redactor-șef, a fost Futura, în 2002. Un forum de tehnologie și inovație, organizat la World Trade Center și integrat inclusiv cu o expoziție cu standuri în care să se prezinte inovațiile respective. La acea vreme, nimeni nu credea în sensul unui asemenea proiect, în afară de Marta, așa că s-a ocupat ea și de vânzare.

A reușit să aducă singură de la sponsori bugetul necesar pentru eveniment, iar ulterior s-a ambiționat și a ridicat ștacheta. Pentru că nimeni nu reușea să intre în discuții cu Altex la începutul anilor 2000, ea l-a abordat direct pe Dan Ostahie și l-a convins să facă împreună cu Biz un supliment special, pentru Crăciun și Anul Nou, cu cadouri de la Media Galaxy și Altex, iar el a fost de acord. Când s-a întors în redacție și șeful ei i-a cerut să vadă și ceva scris, l-a rugat pe Dan Ostahie să-i trimită acordul pentru prouect. Telefonul din secretariat a sunat în 5 minute și a venit un fax, iar proiectul s-a făcut. Cei de la vânzări au fost impresionați, dar nu fericiți, pentru că un proiect vândut de altcineva însemna, automat, absența comisionului de vânzări.

Pentru Marta însă, acela a fost momentul în care și-a dat seama că poate face lucrurile să meargă și că poate să și vândă rezultatul muncii ei.

Aceea a fost perioada în care Marta și-a realizat și visul de a-și cumpăra casa, cel care o determinase să se angajeze din facultate și să ajungă astfel în presă și, implicit, la Biz. A fost o închidere a cercului.

Era anul 2002 și un apartament cu trei camere costa atunci 15.000 de dolari. A reușit să negocieze astfel încât proprietarul să lase prețul la 12.000 și, pentru că a făcut și vânzări pe proiecte, a primit și comision, și a reușit să cumpere apartamentul.

Momentul în care Marta a început pentru prima oară să se implice activ pe partea administrativă și să pună

întrebări la Biz a venit mult prea târziu, când deja lucru-
rile nu mai mergeau deloc.

În ciuda lipsurilor manageriale, pe partea de motivație
a echipei Rachad continua să se descurce de minune.
Știind că situația scârțâie, încerca să le stimuleze entuzi-
asmul celor din echipă făcând conexiunea între conținut
și vânzări.

Venea în redacție și spunea deschis că revista nu mai
are bani, dar că există o soluție: dacă echipa reușește să
facă un proiect mare, vor veni bani și, implicit, se vor plăti
salariile.

Ca un om logic, Marta își dădea însă seama că existau
cheltuieli prea mari și salarii disproporționate în rândul
managementului, iar încasările punctuale de pe urma
unui anumit proiect, oricât de consistent, nu ajungeau cât
să le plătească și lor salariile.

Așa s-au acumulat datoriile trustului față de terți, așa
au început să le întârzie și lor salariile lunare și, încetul cu
încetul, așa a ajuns Biz în postura de a se închide. Când
Marta l-a redeschis, deja lumea se afla în criză financiară,
iar vremea proiectelor de zeci de mii de euro și a paginilor
insuficiente pentru numărul de reclame trecuse.

Chiar și în prezent, foarte mulți oameni de presă tră-
iesc în siajul trecutului, cu un ochi la acea perioadă de
glorie de la începutul anilor 2000, când revistele și ziarele
măreau numărul de pagini ca să facă față cererilor de ma-
chete plătite din partea companiilor.

La fel de profitabile erau și evenimentele, pentru că era
o sete incredibilă de informație, iar publicațiile care se

aflau în posesia ei și reușeau s-o valorifice erau puține și
o vindeau scump.

Acele vremuri s-au dus de cel puțin zece ani, așa că
puținele publicații care au rezistat au fost cele dispuse să
se reorganizeze atât ca strategie, cât și ca mentalitate.

Dacă nu te adaptezi la vremuri, mori. Nu metaforic, ci
real, iar cele câteva zeci de reviste care s-au închis, suc-
cesiv, în ultimii zece ani sunt reamintirile acestui adevăr.

Sistemul pus la punct de Marta pentru a ține revista
pe linia de plutire este simplu și reduce la tăcere orice
cârcotaș care susține că „în zilele noastre presa se face
doar pe bani".

Abordarea ei este transparentă și poate fi rezumată
cam așa:

*„Vrei povestea companiei tale în revistă? În regulă.
Dacă îmi dai informațiile de care am nevoie și îmi lași
libertate jurnalistică deplină pentru a alege aborda-
rea, voi scrie povestea ta fără să îți cer absolut nimic
în schimb, fiindcă am un interes jurnalistic. Dacă vrei
să fie exact cum vrei tu și despre ce vrei tu, atunci se
numește advertorial și te direcționez spre departamen-
tul nostru de storytelling de companie. Este alegerea
ta, ca brand".*

De obicei, în presă există două categorii de personaje.
Oameni care au vizibilitate, dar nu au nimic de zis și totuși
vor să apară în reviste, și respectiv oameni care au povești
palpitante, dar nu au nici vizibilitate și nici bani. Unde te
întâlnești la jumătatea drumului?

De multe ori când refuza o poveste Marta auzea, în zeflemea, un *„Nu vreți să faceți bani? Nu vă trebuie bani?"*. Contrar cu ceea ce cred mulți, niciun business nu este doar despre a face bani.

Ca om de presă, înțelegi de la un anumit punct încolo că nu poți să faci un număr de revistă prost după un număr și mai prost și tot așa.

Oamenii nu te mai bagă în seamă, cu atât mai puțin vor da bani ca să îți cumpere revista, dacă nu ai conținut bun în paginile ei. Cine crede că poate să păcălească la acest capitol se înșală amarnic.

De multe ori vorbim despre vremurile în care se cumpăra masiv presă în România ca despre un El Dorado, o perioadă de glorie care a durat o perioadă scurtă de timp și apoi s-a destrămat ca și cum n-ar fi fost niciodată.

Contrar părerilor nostalgice, Marta crede că românii nu au avut niciodată un apetit real pentru presa de business, au fost mereu oamenii din industrie, iar adevărații iubitori de reviste au fost o nișă și rămân în continuare o nișă, doar că una tot mai mică.

În cazul presei de business, mai ales, audiența principală din vremurile de glorie o reprezentau companiile, care aveau abonamente pentru a fi la zi cu noutățile. În ziua de azi există agențiile de monitorizare a presei, care scanează o revistă și o trimit la 40 de companii, contra unei sume lunare.

Înainte, o companie avea zeci de abonamente, pentru toți oamenii-cheie din organigramă, acum are un abonament de monitorizare și prin asta are tot. Doar că sunt lucruri despre care nu prea vorbește nimeni deschis.

Nici despre bani oamenii nu vorbesc cu prea multă relaxare, în schimb pentru Marta banii nu sunt și nu au fost niciodată un subiect tabu. Trebuie să ai curaj să vorbești despre bani ca să faci bani și, tocmai pentru că nu a avut dintotdeauna bani, Marta tratează subiectul cu seriozitate.

Pentru că și-a făcut mereu singură banii, nu se panichează niciodată, știind că, la nevoie, poate să facă bani cumva. Totul pornește însă de la o strategie clară: trebuie să aibă minimum șase luni acoperite în avans, pentru ca echipa să poată lucra fără presiune, imaginația să meargă lin și să se bucure de evenimentele și publicațiile pe care le fac.

În cei 14 ani de antreprenoriat pur, Marta a învățat să gândească totul în proiecte, iar mintea ei se află în permanență într-o matematică precisă: dacă facem acest proiect, pe suma asta și încasăm în 30 de zile, o să fim în regulă.

Au existat momente în istoria revistei, după ce Marta a preluat conducerea, când oricine altcineva ar fi intrat în panică, dar însuși faptul că a trecut prin atâtea o face imună nu doar la refuzuri, ci și la astfel de anxietăți.

În 2012, au fost două luni, chiar la începutul anului, când nu reușeau să vândă nimic: nici machete, nici evenimente, nici proiecte speciale.

Mergeau la întâlniri, trimiteau prezentări, dar nu se lega nimic. Ianuarie, ca și august, este oricum o lună pe care oamenii din presă și-o asumă mai curând ca un cost: ai toate cheltuielile fixe, dar încasările sunt mai mici ca oricând.

Dacă o săptămână trece fără niciun proiect vândut, poate fi o întâmplare. Când sunt două, e clar un ghinion, dar când se ajunge la a treia săptămână, deja te gândeşti că e o perioadă de „secetă".

În acel început de 2012, a fost o lună şi jumătate în care nu s-a mişcat nimic, iar oamenii din redacţie începeau să simtă tensiunea. Marta i-a scos pe toţi la un vin, să se relaxeze. *„Lăsaţi, că vor veni şi proiectele."*

Tocmai pentru că e obişnuită să facă lucrurile greu, fără bani mulţi şi fără plasă de siguranţă, Marta nu se agită, ci se mobilizează strategic pe scenarii posibile şi planuri alternative.

În plus, nu se ia niciodată prea mult în serios, aşa că glumeşte că nu e ca şi cum se dărâmă marele imperiu. Ştie că ea face banii, împreună cu echipa Biz, aşadar tot ea cu echipa o să-i facă şi în continuare, indiferent de context.

S-au obişnuit atât de mult unii cu alţii, încât se simte instantaneu când ceva nu e în regulă cu unul dintre ei, iar ceilalţi de obicei preiau misiunea de a-i ridica moralul. Dacă unul cade, nu cad toţi, ci restul se străduiesc să-l ridice.

Când Marta intră în redacţie, în funcţie de cum se aud paşii ei pe holul de intrare, oamenii de la Biz ştiu dacă e într-o dispoziţie bună sau una proastă. O recunosc după mers.

Mai are şi ea momente de supărare, când se umple paharul şi când totul pare că iese mai greu ca de obicei, iar echipa ei ştie cu precizie care sunt acelea, pentru că tiparul este unul clasic.

După ce intră în redacţie cu paşii tipici zilelor mai puţin faste, trânteşte poşeta pe birou şi le face declaraţia cu care s-au obişnuit deja: *„Gata! Mă duc să mă angajez! Serios! Mă angajez undeva şi nu-mi mai bat nici capul cu nimic".*

Toată lumea râde şi atmosfera se detensionează la scurt timp, pentru că niciodată redacţia Biz n-a fost un loc al sobrietăţii, ci mai degrabă un Wonderland în care toată lumea crede în cel puţin zece lucruri imposibile înainte de micul dejun şi unde se potriveşte perfect concluzia Pălărierului Nebun: *„We are all mad here. The best people are".*

Marta
despre

bani

**ÎNCĂ DE CÂND AM ÎNCEPUT SĂ FAC INTERVI-
URI, DE LA 18 ANI,** am constatat că oamenii preferă
să ocolească subiectul, nu vor să spună că-şi doresc bani
sau să spună cât câştigă. Mulţi evită să discute despre
bani chiar şi când este vorba despre business. Cei mai
mulţi din jurul nostru împachetează elegant informaţia
şi servesc platitudini sau celebra expresie *„Nu vorbim
despre bani".*

De ce? De ce ne comparăm sau credem mereu că dăm
răspunsul greşit? Pentru că nu dorim să se vorbească des-
pre banii noştri? Nici câţi facem şi nici ce facem cu ei? Ei
bine, cu toate astea, tot se vorbeşte despre ei!

Antreprenorii din generaţia startup sunt primii care
au început să spună la scenă deschisă că fac bani sau că

au nevoie de bani și să anunțe cifre și investiții. Abia în ultimii ani managerii au început să se exprime clar: businessul merge înainte datorită profitului și **e nevoie de profit ca să ne fie bine.** Ca să nu închidem porțile.

Cred cu tărie că munca trebuie monetizată și marea artă pe care a trebuit să o învățăm, fiecare dintre noi, a fost să ne vindem și să avem curaj să cerem banii care considerăm că ni se cuvin. Degeaba ești frustrat acasă dacă nu ai puterea să soliciți ce consideri că meriți.

Mi se pare greșit să ocolești subiectul. Eu am fost chiar brutal de directă pe această temă. Unii dintre colaboratori au fost încântați de comportamentul meu și ne-am înțeles din prima, fără ping-pong și joc de glezne. Alții, care preferau sporturile de mai sus, răspundeau elegant că trebuie să analizeze și uitau să mai revină. Da, se întâmplă des, la orice nivel, din păcate.

Negocierea este încă o floare rară și puțini au curaj să se înhame la ea, iar alții sunt obișnuiți doar să pună genunchiul pe gât. Eu am fost de fiecare dată omul care a pus piciorul în ușă. Îmi place să arăt ce pot face, să prezint revistele și proiectele internaționale care ne-au impus și ne-au făcut lideri în domeniul nostru și, dacă omul cu care vorbesc consideră că ne potrivim și îi place ce facem, lucrăm. Dacă nu, nu.

Iar dacă ai curajul să-ți prețuiești munca și ai norocul să poți să-ți evaluezi nivelul, atunci te lupți pentru fiecare idee și proiect și soliciți bugetul pe care consideri că-l meriți. Iar ceea ce am căutat de fiecare dată, indiferent de rezultatul negocierii, a fost să arăt ce știm și ce putem face. **Mi s-a părut esențial ca oamenii să știe că, dacă vor proiecte speciale unice, acel „altceva" pe care toată lumea spune că-l face, dar Biz chiar îl livrează, ediție după ediție, îl găsește la noi!**

Noua Marta și vechea Marta

PE CÂT DE GENEROASĂ ȘI ATENTĂ ESTE CU OA-MENII din echipă și cu cei din jurul ei, pe atât de chibzuită este Marta cu propriile cheltuieli și mai ales cu răsfățurile.

Din acest punct de vedere e convinsă că îi seamănă mamei ei, care era socotită cu banii și căreia îi plăcea să cumpănească bine înainte să cumpere ceva. Nu a fost niciodată o zgârcită, dar este un consumator chibzuit sau, cum îi place să spună, cumpără cu capul.

Când faci achizițiile bazându-te pe rațiune, nu pe emoție, se pun în mișcare cu totul alte rotițe față de momentul în care intri într-o încăpere, vezi ceva și cedezi impulsului de moment.

Întrebarea pe care și-o adresează de fiecare dată e una standard, pe care și-a stabilit-o singură: „Pot să trăiesc fără chestia asta?".

Dacă se întâmplă să se entuziasmeze pentru ceva şi să sară peste acest pas, are grijă să compenseze după aceea, astfel încât să se afle într-un echilibru. Aşa se face că, după o achiziţie din impuls, multă vreme refuză să-şi mai cumpere orice altceva.

Nu-şi dăduse seama de această dinamică pe care o are în relaţia cu banii până nu i-a atras atenţia Cristian: *„Vezi că iar intri în etapa ta în care nu mai vrei să cumperi nimic".*

E conştientă că ajunge uneori în această extremă pentru că nu a făcut banii uşor niciodată, iar când munceşti de mic şi ştii cât de greu se câştigă un salariu, relaţia cu banii şi mai ales cu ideea de a-i cheltui rămâne complicată.

Îşi aminteşte şi acum de prima poşetă de firmă pe care şi-a cumpărat-o vreodată, când a fost la New York cu Biz America. Era un Burberry de 850 de dolari, cu tot cu taxe, o sumă care i se părea ameţitoare, dar cu care s-a mai reconciliat când a primit şi o eşarfă în acelaşi preţ.

Pentru că era cea mai bună poşetă a ei, mult timp a ţinut-o în dulap, în ideea s-o poarte când se duce undeva mai... special. Ţinutul de bun este una dintre trăsăturile care ni se transmit intergeneraţional şi avem nevoie să luptăm cu noi ca să ne schimbăm obiceiurile.

Abia după doi ani Marta a negociat cu ea însăşi s-o poarte mai des şi i-a mai luat ceva timp să se relaxeze şi să-şi găsească stilul care i se potriveşte.

Îşi asumă faptul că nu a fost niciodată o femeie care să-şi dorească să epateze cu orice preţ şi cu atât mai puţin una care ar face cheltuieli considerabile doar pentru ceva care să atragă atenţia.

Anii petrecuți cu ochii în teancurile de reviste din afară, călătoriile și experiența au fost însă o școală de stil. A învățat să aprecieze calitatea, serviciile, experiențele și să facă diferența între ele.

Abia la 40 de ani a ajuns la concluzia eliberatoare că nu are nevoie de niciun eveniment special ca să poarte o rochie care-i place și că nu există poșete sau accesorii *„de ocazie"*. O ocazie este în fiecare zi!

Niciodată nu s-a simțit mai plină de viață și mai așezată în stilul ei ca acum, când poate să plece dimineața la o întâlnire de afaceri îmbrăcată cu cea mai frumoasă rochie din dulap și cu cea mai elegantă geantă.

A aflat, pe propria piele, un secret care de fapt nu-i secret: nimeni nu o să se gândească că e prea devreme pentru o rochie colorată sau pentru o poșetă asemenea.

Când se uită la pozele ei de la începuturile Biz, realizează cât de tânără și frumoasă era, deși la momentul respectiv nu se văzuse defel așa. Asemenea revelații vin cu beneficiul maturității, de aici și seninătatea cu care acum își acceptă stilul, gusturile, preferințele de moment.

Pentru că a crescut cu muzica celor de la Depeche Mode, uniforma predilectă a depechiștilor era negrul. Prin urmare, prima ei garderobă era un mix perfect de negru, alb și gri, care a continuat să-i domine stilul vestimentar până în urmă cu câțiva ani.

Declicul s-a întâmplat într-un magazin, pe când proba o rochie în stilul ei de atunci, iar doamna din magazin a insistat să probeze și altceva.

Era o altă rochie, care pe umeraș părea total nepotrivită stilului ei vestimentar, dar doamna a fost atât de convingătoare încât a făcut-o să încerce totuși ținuta.

Când s-a uitat în oglindă, a văzut o altă Marta, fiindcă rochia de pe umeraș, odată îmbrăcată, i se potrivea perfect conformației, tonalității pielii, dar și stilului pe care îl căuta. A cumpărat-o și acea rochie a reprezentat începutul unei schimbări.

A realizat, ulterior, că magia nu o făcuse neapărat rochia, ci faptul că o culoare puternică îi poate schimba complet atitudinea și starea de spirit. După ani în care purtase negru, alb, bleumarin și gri, își descoperea o poftă nestăvilită de culori.

La primul eveniment la care a purtat o rochie cambrată, un verde puternic cu decupaje geometrice, era la ARCUB, în spatele scenei, unde sunt cabinele actorilor, și nu se gândea decât ce o să zică invitații.

După ani în care părerile altora despre persoana ei o lăsaseră rece, brusc își găsise punctul slab, unde siguranța ei de sine nu era atât de mare. Hainele.

Câteva secunde și-a derulat în minte, pe repede-nainte, toate lucrurile pe care le-ar putea spune oamenii despre ea. Prea puternic, prea strident, prea scurt, prea mulat… prea, prea, prea. *Culminând cu gloriosul „Și la vârsta asta?".*

Avea o frică pe care o simțea în stomac, locul în care se localizează întotdeauna grijile ei, intuițiile și instinctele lucrurilor rele.

Dacă o doare stomacul, nu se gândește niciodată că mâncarea a fost proastă, ci sigur se întâmplă ceva rău. Doar că n-a mai apucat să stăruie în acest sentiment, fiindcă un coleg a venit s-o ia pe scenă. Începea evenimentul, iar ea trebuia să vorbească treizeci de minute în deschidere. Nu era în plan, dar un invitat întârziase.

În momentul în care a pășit pe scenă, a prins ochii unor oameni din sală, a citit în ei o privire surprins-admirativă și, în acel moment, s-a relaxat definitiv.

I-a mai luat ceva timp – și încă vreo câteva ținute „prea, prea, prea" – ca să înțeleagă un lucru elementar: nu doar că oamenii nu comentau, așa cum își imaginase în mintea ei, dar atitudinea pe care i-o dădeau culorile puternice îi făcea pe oameni să o vadă mai bine pe ea. Chiar și cea mai colorată rochie rămânea în plan secundar față de ea, Marta.

Soțul ei, Cristian, care poate fi și cel mai mare critic în multe aspecte ale vieții, nu s-a băgat cu nicio părere în alegerile ei vestimentare.

Deși nu părea să fie pe lungimea de undă a culorilor tari și a imprimeurilor dezlănțuite pe care începuse să le poarte Marta, nu i-a spus nici de bine, nici de rău.

I-a plăcut entuziasmul pe care i-l dădeau ținutele colorate și a lăsat-o să exploreze.

L-a surprins însă, într-o discuție cu un prieten, atunci când nu știa că ea aude, spunând, cu toată hotărârea: *"Mai lăsați-mă cu negrul și griul... Nevastă-mea e numai culoare, din cap până-n picioare! O explozie de culoare!"*.

statutul femeii într-o lume a bărbaților

SĂ FII FEMEIE ÎN AFACERI ESTE ASTĂZI O NOR-MALITATE, dar este la fel de greu ca întotdeauna. E drept, cei care te desconsideră o fac de multe ori și în cazul unei femei, și al unui bărbat. Din punctul meu de vedere, aceasta este cea mai mică problemă. În viață cu toții trebuie să demonstrăm lucruri, dar când ai și un business înveți să nu mai pui mare preț pe părerile și comportamentul celorlalți. E drept, te afectează la început, însă e doar primul test. Ambiția de a le arăta că ești bun sau la fel de bun ca ei te ajută enorm!

Să fii femeie în afaceri este mai greu decât pentru un bărbat, pentru că femeile trebuie să fure pur și simplu timp. La propriu. Timp din momentele petrecute cu familia, cu soțul și cu copiii.

Trebuie să muncești mai mult ca să te poți achita și de sarcinile "de femeie" cu care societatea te îndatorează. Pentru că, dacă nu ai timp de casă, de bărbat, ai eșuat. E vina ta, se știe. Deși de cele mai multe ori bărbații sunt cei care lasă totul pe umerii femeilor și pleacă la lucru uitând, la propriu, de responsabilități sau chiar să mai treacă pe acasă.

Când ești femeie în afaceri trebuie să vii mereu cu ceva în plus ca să iei un împrumut echivalent cu cel pe care l-ar lua un bărbat care îndeplinește exact aceleași condiții ca și tine. În continuare, în România și multe alte țări din lume o femeie primește împrumut cu 30% mai puțini bani de la bancă doar pentru că apare în fișa de scor bifa referitoare la sexul solicitantului.

Când ești femeie în afaceri, trebuie să nu deranjezi. Dacă ai voință și te încăpățânezi pentru ideea ta, ești considerată "ușor nebună". La limita extremă, dacă ai succes, nu poți să-l etalezi, pentru că jignești orgolii. Iar dacă vrei să iei decizii, trebuie s-o faci smart și în business, și în viața personală, unde trebuie să pară că este "decizia familiei". Pentru că încă nu suntem pregătiți să acceptăm că o femeie poate avea câteodată idei mai bune decât "capul familiei".

Iar când ești femeie de afaceri de succes, e clar, cineva te susține. Ai pe cineva în spate care ți-a aranjat toate ploile și de aceea ai succes.

Știu, pot deranja aceste idei. Mulți oameni se supără când le aud și nu-i agreează pe cei care au curajul să spună lucrurilor pe nume, dar eu așa v-am obișnuit. Și nu îmi pasă de indignarea celor care preferă să prezinte în continuare lumea elegant și diplomat, trăgând cu grijă perdeaua peste problemele sensibile.

Uitați-vă în jur. Femeile de afaceri de succes sunt majoritar singure. Pentru că bărbatul puternic care stă mereu în "spatele unei femei de succes" a ales să aibă lângă el o femeie lângă care se simte confortabil și nu este provocat.

Mariajul
nu strică
prietenia

ÎN ACTE, MARTA UȘURELU ESTE, DE 17 ANI, MARTA MANAFU.

Prietenii și toți oamenii care îi îndrăgesc pe ea și pe soțul ei, Cristian, glumesc spunând că Marta este printul românesc, iar Cristian Manafu online-ul românesc.

Iar Biz este „printul online-ului" românesc, fiindcă a fost prima publicație care a coagulat în jurul ei bloggerii și oamenii de online.

Deși în prezent fiecare își vede de activitatea proprie în media, Marta și Cristian au intrat în lumea presei în același timp și și-au petrecut o bună parte a carierei jurnalistice împreună.

S-au cunoscut în Facultatea de Filosofie, în anul al doi-lea, când făceau parte din aceeași gașcă de prieteni.

S-o asculți pe Marta povestind despre începuturile lor pare un episod din „Friends", pentru că descrie cu savoare faptul că „Manafu", cum îl numește cu tandrețe, *„nu mă plăcea deloc, dar nici eu nu-l plăceam pe el, de fapt nu-l suportam"*.

Fiecare considera despre celălalt că este în plus în gașca lor de prieteni, iar firile lor diametral opuse nu ajutau nicidecum la schimbarea acestei impresii: *Marta era o explozie de energie, iar Cristian era un introvertit pe care trebuia să-l descoperi treptat.*

În acest context neprielnic, într-o dimineață din 1998, Marta a intrat în redacția Ziarului Financiar, unde lucra pe-atunci ca redactor, și a dat nas în nas exact cu Cristian Manafu.

Tocmai devenise colegul ei de birou, ceea ce însemna, în mod exasperant, că nici aici nu reușea să scape de prezența singurului om din gașcă pe care-l antipatiza cu pasiune.

Cristian s-a dovedit a fi un coleg conștiincios, tacticos cu munca lui și la fel de liniștit cum îl simțise Marta de prima oară. Inclusiv stilurile lor de lucru erau complet diferite, Marta fiind omul impulsului și al spontaneității, iar Cristian, o fire mai curând analitică și strategică.

Pentru că în primele săptămâni în redacție Cristian era foarte riguros și se documenta multe ore înainte de fiecare articol, Marta a fost cea care i-a consacrat porecla oficială: *„Domnul O-știre-pe-zi".*

Mai în glumă, mai în serios, i se părea revoltător ca ea să scrie aproape o revistă întreagă, iar Cristian să scrie o singură știre pe zi. Privind retrospectiv, realizează că el, cu spiritul lui liniștit și introvertit, nici nu avea loc de exuberanța ei, așa că a lăsat-o să se manifeste.

Încetul cu încetul, „O-știre-pe-zi" a devenit cel mai bun prieten al ei și omul de bază în viața ei personală și profesională, fără să se pună însă problema că ar putea fi și altceva între ei.

Când Marta a plecat de la Ziarul Financiar la Biz, a plecat împreună cu Manafu și din acel moment, prin toate publicațiile la care au fost, a devenit de la sine înțeles că ei doi vin doar la pachet.

Inclusiv când Marta a fost numită redactor-șef la Biz, unde exista pe atunci sistemul de doi redactori-șefi simultan, cel de-al doilea redactor-șef a fost, bineînțeles, Cristian Manafu.

Stilurile lor de lucru au continuat să fie diferite până în ziua de azi, ca și temperamentele lor. Dacă e o problemă de rezolvat, Marta va pune instantaneu mâna pe telefon, în timp ce Cristian va scrie un e-mail lung și detaliat.

Când ea mergea la fiecare om în parte să-i reaminteastă termenele-limită pentru articole și să-i ceară materialele, Cristian prefera să facă o ședință cu toată lumea și să dea reamintiri oficiale.

Această diferență de abordare, care o enerva pe Marta la început, s-a dovedit a fi o complementaritate care a adus echilibru, dar și savoare, în relația lor.

Modul lor de a vedea aceeaşi situaţie rămâne însă complet diferit şi, uneori, chiar beligerant. Marta glumeşte adeseori spunând că, atunci când Manafu decretează că o idee a ei este *„cea mai proastă idee posibilă"*, acela e cel mai bun semn că proiectul o să iasă foarte bine.

În contrapartidă, nici ea nu înţelege cum el poate să petreacă atât de mult timp online, postând opinii şi fiind prezent în toate ştirile şi discuţiile care se întâmplă acolo, pentru că ea nu are această răbdare şi disponibilitate.

Amândoi au însă curajul să recunoască atunci când greşesc cu judecata proprie şi niciunul nu consideră că deţine adevărul absolut, în nicio privinţă. Asta a ajutat atât relaţia lor, cât şi modul în care interacţionează cu restul breslei.

Chiar dacă Marta nu se regăseşte atât de mult în online şi nu este atrasă de acest mediu, a fost printre primii care au sesizat potenţialul online-ului şi care şi-au dorit să aducă împreună oamenii din print cu cei din online.

La fel şi Cristian, care este mai degrabă un introvertit, dar care a fost conştient că evenimentele sunt necesare pentru interacţiunea celor din media şi a ajuns să organizeze unele dintre cele mai mari şi importante conferinţe din România.

Până să ajungă însă la conştientizarea complementarităţii lor, mulţi ani au fost doi prieteni buni care vedeau lumea radical diferit, dar care lucrau extraordinar de bine împreună.

Au lucrat în echipă la Ziarul Financiar, apoi la Esenţial, revista de lifestyle din acelaşi grup cu Biz, şi în cele din urmă la Biz. În perioada Esențial, făceau inclusiv unele materiale utilitare care acum îi amuză: cum schimbi o roată la mașină sau cum te descurci în situații-limită.

Cristian își dezumfla roata la mașină pe un drum public, Marta făcea semn șoferilor să oprească, erau ajutați să schimbe roata și la final scriau despre cum bărbații ajută – sau nu – femeile sau alte subiecte tipice revistelor pentru femei. A fost o perioadă care le-a consolidat și mai mult prietenia, pentru că petreceau aproape tot timpul împreună.

Chiar dacă amândoi erau implicați în alte relații și aveau familii și oameni apropiați în jurul lor, oricând apărea o problemă, o dramă personală sau ceva important și urgent în viețile lor, primul om pe care Marta îl suna era Manafu și invers.

Expresia predilectă a Martei, când îi cerea ceva lui Cristian iar el îi spunea să-și ia singură de pe biroul lui, era: *„Cred că nici nevastă-ta n-o să umble vreodată în portofelul tău cum umblu eu"*.

În ciuda tuturor semnelor, niciunul nu s-a gândit vreodată că ar putea fi ceva mai mult de-atât, ceva care să depășească în intensitate o prietenie atât de puternică.

Nici măcar atunci când Cristian i-a făcut o farsă și a anunțat-o că pleacă din București și se întoarce definitiv la Tulcea, orașul lui natal, iar ea a izbucnit în plâns, gândindu-se cum o să fie viața ei *„fără Manafu"*, nici măcar atunci Marta nu și-a pus problema că ei doi ar putea fi mai mult decât prieteni.

Relația lor de iubire a început după mai bine de opt ani de prietenie, într-o vacanță în Grecia în care au plecat tot ca simpli amici. Pentru că perspectiva de a fi împreună ca un cuplu îi speria pe amândoi, la întoarcerea în țară au decis, solemn, că e mai important să păstreze prietenia decât orice altceva.

A fost ultima lor vară doar ca prieteni, fiindcă în septembrie Cristian a cerut-o în căsătorie. De fapt, i-a spus, tot solemn, că el *„e pregătit să se însoare"*. Și asta a fost.

S-au căsătorit după încă doi ani, interval în care nimeni din viața lor profesională nu a știut că prietenia lor s-a transformat în altceva. Nici n-a fost greu să țină secretul, fiindcă oricum toată lumea era obișnuită să-i vadă împreună nonstop.

Când au trimis invitațiile de nuntă către colegi, a fost o descătușare de glume și de reacții dintre cele mai amuzante. *„Cum adică vă căsătoriți? Păi nu erați voi doi cei mai buni prieteni?"*

Din momentul în care s-au căsătorit, povestea lor cu aer de sitcom american a căpătat o notă de dramatism pe care nu și l-ar fi dorit niciunul, dar care s-a întâmplat pur și simplu.

Șirul de ghinioane din viața Martei s-a reluat, deși ea le vede doar ca pe o sumă de lucruri care li se întâmplă oamenilor în viață. Toți oamenii se întreabă *„De ce eu?"*, dar până la urmă de ce NU tu?

De la soțul ei, Cristian, a împrumutat unele trăsături care să-i contrabalanseze franchețea, în momentele în care aceasta se cere temperată. Pentru că el este un tip care priveşte lumea în alţi termeni, uneori din perspectivă indirectă, cu subtilităţi şi atenţie la amănunte, modul în care se raportează la el a ajutat-o în relaţie cu alţi oameni.

Ştie că există persoane care se blochează când le vorbeşti direct, aşa că trebuie să începi discuţia treptat, să-i iei pe departe, să le dai un timp pentru a procesa informaţia.

După aproape două decenii, căsnicia lor este în continuare o mare prietenie în care poartă acelaşi nume de familie.

Uneori, simte că el are prea multă încredere în forţele ei şi că o consideră imbatabilă. E un lucru bun, pentru că are încredere în ea, dar în acelaşi timp forţa interioară pe care o văd ceilalţi în ea nu-i îngăduie prea multe momente de slăbiciune.

Cea mai importantă lecţie pe care a învăţat-o, ca femeie, nu ca om de afaceri sau jurnalist, este că o femeie puternică nu este o femeie care le face singură pe toate.

Chiar dacă e tentant, chiar dacă şi-ar putea pune mintea să le facă singură, trebuie să-şi permită şi momente de vulnerabilitate în care bărbatul să fie cel care intervine şi salvează situaţia.

Dacă ai un bax de apă de transportat, roagă-l pe bărbatul de lângă tine s-o facă. Nu e un semn de slăbiciune, ci o împărțire firească a rolurilor în familie și în viață, ba chiar e un semn de putere.

Ca să treci peste vocea din capul tău, cea care îți spune că tu ești o femeie puternică, independentă și că n-ai nevoie de nimeni să-ți ridice un bax, trebuie să fii cu adevărat puternică.

Pentru Marta, să fii feministă înseamnă să poți să crezi în forța femeilor de a mișca lumea, dar în același timp să te ții de mână cu omul pe care-l iubești, când treci strada. În asta constă, de fapt, firescul.

Mama lui
Nicolas

„HEI, UITE-I PE PĂRINȚII LUI INICOLAS!"

CÂND DEVIN PĂRINȚI, TOȚI OAMENII ÎȘI CEDEAZĂ o bucățică din ei înșiși pentru a îmbrățișa un statut în care identitatea lor devine relevantă strict prin asociere. Tot ce au făcut vreodată, ba chiar și numele proprii, devin secundare în fața indirectului *„Mama lui…"* și *„Tatăl lui…"*.

Pentru Marta și Cristian, schimbarea de optică a depășit ca anvergură curtea școlii și orele de ședință cu părinții. Pentru un anumit segment de consumatori media au devenit, vreme de câțiva ani, părinții unui veritabil fenomen de YouTube: *iNicolas*.

Cu fix un an înainte ca pandemia să răstoarne lumea cu susul în jos, în martie 2019, Samsung lansa în România multașteptatul model Galaxy S10. Pe scenă, alături de conducerea Samsung și de invitatul special, primul cosmonaut român, Dumitru Prunariu, a urcat în aplauzele sutelor de oameni din sală un puști zâmbitor de 12 ani.

Nu era un puști obișnuit de 12 ani, ci un mini-influencer cu o comunitate de aproape 80.000 de abonați pe YouTube, a cărui dezinvoltură a dezarmat pe toată lumea.

Numele lui: Nicolas Manafu.
Numele de scenă: iNicolas.

Contrar cu ceea ce a crezut multă vreme lumea, Marta și Cristian nu au plănuit nicio clipă o astfel de carieră de influencer pentru copilul lor. Privind retrospectiv însă, mediul în care Nicolas a crescut - printre oameni de media, jurnaliști, bloggeri, creatori de conținut de tot felul - a făcut-o la un moment dat inevitabilă.

Așa cum toată lumea ridică din sprâncene când copiii de actori își doresc să facă actorie sau când fiii cântăreților devin la rândul lor artiști, considerând că părinții sunt cei care-i împing de la spate, în realitate totul ține de o cauzalitate firească.

Când un copil crește într-un univers delimitat clar, înconjurat de oameni care vorbesc cu pasiune despre aceleași lucruri, se manifestă treptat curiozitatea și dorința de a le călca pe urme. Plus un elan copilăresc: „*Aș putea face și eu asta!*".

Pentru mulți copii, elanul rămâne strict material de visare și de joacă, dar Nicolas a fost atât de hotărât să facă ceva concret încât dorința s-a transformat în realitate. Ajutat de tatăl lui, care-i filma și îi monta clipurile, a început să posteze cu entuziasm despre jucăriile lui, apoi despre kendame, în perioada în care fenomenul kendama explodase în România.

Cu joaca lui creativă, Nicolas se simțea oficial în ligă cu adulții în preajma cărora își petrecea cea mai mare parte a timpului. Nu era încă un influencer, ci doar un băiețel care avea un hobby un pic mai diferit de al altor colegi de școală. Nimic nou din acest punct de vedere: dintotdeauna activitățile și pasiunile lui fuseseră prinse undeva între lumea copiilor și cea a adulților.

Nicolas a apărut în viața Martei și a lui Cristian într-un moment în care ei nu puteau fi părinți full-time, amândoi aflându-se în poate cele mai aglomerate momente ale carierelor lor. Totuși, pentru că nu concepeau să nu fie părinți cu normă întreagă, au găsit cea mai bună variantă: l-au integrat pe Nicolas în universul lor.

La o lună și jumătate, Marta s-a întors în redacție, iar la două luni Nicolas a asistat la prima ședință redacțională a revistei Biz. Avea locul lui la birou, de fapt pe biroul Martei, dormind comod în scăunelul special.

Jurnaliștii din echipa Biz glumesc până în ziua de azi despre asta și au și o explicație pentru cumințenia neverosimilă a lui Nicolas: era obișnuit cu vocile lor încă din burta mamei, aşa că se simţea complet familiar şi în siguranţă. Chiar şi când oamenii din redacţie râdeau zgomotos sau vorbeau tare, somnul lui rămânea la fel de liniştit. Era, într-un fel, acasă.

Crescând în acest univers, Nicolas a devenit, de la vârsta de trei ani, şi parte integrantă a celebrei tabere Biz de la Pârâul Rece, unde veneau toţi jurnaliştii, oamenii din agenţii şi corporaţii, dar şi toţi bloggerii şi vloggerii relevanţi din România.

Aşa cum unii copii recunosc la televizor cântăreţi sau personaje de desen animat, în copilăria lui Nicolas reperele recognoscibile erau oamenii din industria părinţilor lui: *„Ia uite-l pe Chinezu!"*, *"Uite-l pe Negrea!"*, *„Acolo nu e Bobby Voicu?"*.

Nu doar faptul că a copilărit în lumea adulţilor i-a modelat gândirea, ci şi faptul că a copilărit într-o industrie a creativităţii şi a schimbării constante. În jurul părinţilor lui se întâmplau mereu lucruri şi proiecte noi, apăreau oameni interesanţi, nimic nu era repetitiv şi nimeni nu stătea pe loc. Dar, mai ales, toţi aceşti oameni îl considerau mai mult decât un copil simpatic şi o mascotă a taberelor: îl luau în serios.

Când Nicolas avea şapte ani, brandul Calif tocmai lansa o campanie de strângere de fonduri în favoarea copiilor cu autism. Radu Tănase, cofondatorul Calif şi unul dintre oamenii care frecventau taberele Biz de la Pârâul Rece, i-a lansat lui Nicolas o provocare: ce-ar fi să-şi vândă desenele pentru a strânge şi el nişte bani pentru copii?

Brusc entuziasmat, micul blond s-a pus pe treabă, iar desenele lui, cumpărate de clienții Calif, au adus aproape 1.000 de euro pentru cauza copiilor cu autism.

Mândri de realizarea lui, Marta și Cristian i-au explicat că toată suma va merge către niște copii care au mare nevoie de ajutor, iar reacția lui a venit cu o inocență tipic copilărească: *„Cum adică, eu nu primesc nimic? Dar am muncit mult!".*

A fost o primă lecție de viață adevărată, pe care altfel le-ar fi fost mai greu să i-o explice teoretic lui Nicolas, dar pe care copilul nu avea s-o mai uite: uneori, nu faci lucruri în beneficiul tău, le faci pentru cineva care are mai mare nevoie.

Apartenența duală a lui Nicolas la lumea copiilor și lumea adulților devenea, de fapt, o dublă școală: școală oficială și școala vieții.

Folosim de multe ori expresia *„succes venit peste noapte"* în sens strict metaforic, dar succesul lui Nicolas ca influencer – ca alter ego, *iNicolas* – a fost excepția care confirmă utopia acestui concept. Succesul nu vine niciodată peste noapte… decât în rarele excepții când asta chiar se întâmplă.

Într-o seară, Nicolas și-a postat unul dintre filmulețele despre kendama la care lucrase cu Cristian și s-a culcat în speranța că a doua zi va găsi câteva vizualizări și mai multe comentarii pozitive. La acel moment, avea aproape o sută de urmăritori de vârsta lui. Când s-a trezit, a doua zi dimineață, avea câteva mii.

A fost un salt pe care nici el şi nici părinţii lui nu şi-l explică logic, dar despre care cu toţii am învăţat, în epoca Instagram şi YouTube, că se datorează algoritmului. YouTube alege, din motive şi calcule necunoscute pentru public, să promoveze anumite materiale în defavoarea altora, să împingă în faţă video-uri cu potenţial mai mare, iar iNicolas a fost, în acea seară, un astfel de material câştigător.

Din momentul punctual în care a fost scos în faţă de către platforma YouTube, candoarea şi seriozitatea micului puşti blond au prins tot mai mult la public, iar în acel moment a început fenomenul iNicolas.

Dincolo de experienţele extraordinare pe care i le-a adus statutul său de vlogger - inclusiv şansa de a vorbi, la 12 ani, în faţa câtorva sute de oameni - perioada iNicolas a fost şi o perioadă a lecţiilor mai puţin plăcute.

Ideea că un copil poate avea o activitate lucrativă pe internet, o zonă în care inclusiv mulţi adulţi abia reuşeau să se descurce, s-au dovedit a fi bulversantă pentru oamenii din afara industriei. Părinţii colegilor lui şi profesoarele de la şcoală au devenit ostili şi, în anumite momente, au ales să reacţioneze nedrept faţă de un copil care, dincolo de hobbyurile lui, rămânea în fapt un copil ca oricare altul.

Odată cu mica lui faimă, Nicolas, elevul cel mai recognoscibil al clasei, a devenit principalul responsabil pentru ceea ce se întâmpla în colectivitate, mai ales pentru lucrurile negative. A fost mustrat de mai multe ori pentru lucruri la care uneori nici măcar nu fusese de faţă.

De câte ori profesorii întrebau cine e de vină, copiii arătau către el. iNicolas era vedeta, copilul cunoscut, faimos, aşadar Nicolas Manafu trebuia să tragă ponoasele. În acea perioadă s-a călit şi a înţeles o lecţie importantă: uneori, indiferent ce faci şi spui tu, oamenii vor înţelege doar ce vor ei.

La trei ani după momentul de pe scena Samsung, Nicolas l-a lăsat în umbră pe iNicolas şi a redevenit pur şi simplu... el însuşi. Este un adolescent relaxat, căruia nu-i place ca părinţii lui să pună poze cu el pe social media, dar care este în continuare prieten cu ei. Râd mult împreună şi se simt bine când sunt toţi trei, indiferent dacă merg într-o aventură în celălalt colţ al lumii sau doar ies la o pizza.

A renunţat la ideea de celebritate de internet fără niciun regret. Pur şi simplu, într-o zi, a decis că e ceva ce nu-şi mai doreşte. Are, în schimb, o mulţime de idei antreprenoriale şi faptul că Marta şi Cristian l-au învăţat de mic valoarea banilor îi stimulează imaginaţia.

Atunci când îşi doreşte ceva, Nicolas se gândeşte automat cât costă obiectul, cât ar dura să strângă bani pentru el, ce ar trebui să facă pentru a câştiga banii sau ce anume din obiectele pe care le are deja ar trebui să vândă ca să facă rost de o parte din sumă.

Mult mai antreprenorial decât Marta şi Cristian la un loc, Nicolas şi-a însuşit mai repede şi multe lecţii pe care generaţia părinţilor lui le-a dobândit cu greu: îşi cunoaşte propria valoare, pune preţ pe munca lui şi este mult mai relaxat în legătură cu percepţia lumii despre persoana lui.

Dacă Martei i-a luat mult timp să descopere culorile şi să prindă curaj din punct de vedere vestimentar, Nicolas are instinctiv abilitatea de a fi diferit şi chiar extravagant.

Combină culori şi imprimeuri cu o atitudine înnăscută şi îşi face planuri ambiţioase de viitor fără să se saboteze cu întrebările, dubiile şi fricile pe care le au de obicei oamenii mari.

Marta şi Cristian l-au crescut în realitatea lor, dar au avut mereu grijă ca ea să nu devină o bulă care să-l protejeze de restul lumii, iar asta se vede. Mai ales Marta s-a încăpăţânat să fie mereu „vocea adevărului", indiferent de situaţie.

Când Cristian încerca să-i împacheteze lui Nicolas concepte mai incomode spunându-i câte o poveste frumoasă, Marta era vocea care se auzea pe fundal: *„Da, tata are dreptate, dar să ştii că în viaţă nu e mereu chiar aşa..."*.

Pentru că a înţeles că fiecare dintre părinţii lui vrea să-l protejeze în felul propriu - Cristian îndulcindu-i puţin amărăciunea lumii, iar Marta pregătindu-l pentru duritatea ei - Nicolas ştie cum să se raporteze la fiecare dintre ei.

Dacă tatăl lui încă îndeplineşte rolul celui mai bun prieten, Marta este mereu prima oprire în cazul subiectelor incomode şi în situaţiile în care are nevoie de o părere lipsită de menajamente.

Tot mama lui este şi omul care-l provoacă să gândească altfel, atunci când el vine acasă cu certitudinile specifice vârstei. Când crede că toată lumea ar trebui să fie de acord cu el sau când se revoltă în legătură cu o situaţie concretă, Marta îl ascultă şi apoi îi lansează un cârlig sub formă de întrebare: „*Dar de ce crezi asta?*", „*Ce părere ai avea dacă cineva ar avea de la tine o asemenea pretenție?*", „*Ție ți-ar plăcea să fii în locul lui X?*".

Nu face altceva decât să-i ia o convingere fermă și să i-o rotească la 180 de grade, suficient cât să vadă cum se aprinde un beculeț: „*Hmm, da... Nu mă gândisem la asta...*". Acesta e rolul părinților: nu să-ți spună ce să gândești, ci să te învețe s-o faci pur și simplu.

Nicolas a rămas și cu ceva concret din anii petrecuți, indirect, în colectivul Biz, moțăind în timpul ședințelor de redacție: de câte ori are nevoie să discute ceva important cu părinții lui, fie că e vorba de o decizie de viitor sau de ceva ce își dorește cu ardoare, îi convoacă la o ședință.

Nu o face spontan, ci le dă timp să-și pregătească amândoi agendele: „Sâmbăta viitoare vreau să vorbesc cu voi despre liceu...". Liceul e principala temă pe ordinea de zi în acest moment, iar să ghidezi în direcția unei viitoare profesii un adolescent de 15 ani, cu personalitate debordantă și cu o carieră de influencer la activ, se anunță a fi cel mai provocator proiect de până acum.

Marta despre

echilibru între viața personală și carieră

ESTE O CĂUTARE PERMANENTĂ, IAR DUPĂ ATÂȚIA ANI în care am încercat să le fac pe toate, pot să spun că cel mai important este, de fapt, să-ți găsești echilibrul tău ca om.

Am fost crescuți, cel puțin noi, cei cu vârsta de 35+, cu îndatoriri insuflate, cu lucruri pe care trebuie să le facem și ne-am lăsat chinuiți prea mult de cum suntem percepuți de ceilalți.

Am căutat echilibrul între familie și job și fiecare a făcut, cred, tot ce a putut mai bine. Așa am încercat și eu și am reușit să ridic o revistă din cenușă, să construiesc un business care an de an a avut creștere a cifrei de afaceri, să cresc un băiat minunat, ratând și multe momente importante, e drept, și să călătoresc în lumea întreagă, împreună cu soțul meu.

Am fost nomazi digitali când nu exista conceptul de work remote și am știut să furăm weekenduri și săptămâni și să evadăm din alergătura continuă în care trăiam.

Am călătorit în toate destinațiile la care am visat, cu copilul după noi și cu laptopul în brațe, cu discuții zilnice cu colegii și, eu zic, am îmbinat fericit cariera cu viața personală.

Ceea ce nu ne-a spus nimeni este cât de mult te consumă ritmul continuu de lucru pe care l-am avut în acești 20 de ani. Cum ajungi să nu te mai poți odihni și să-ți recuperezi energia. Și spiritul. Epuizarea, burnoutul abia acum sunt la modă. Poate că e mai bine, măcar noi nu știam de ce anume sufeream!

Revenind la echilibrul menționat mai devreme, pot să spun că mi-am dat seama, în urmă cu câțiva ani, că trebuie să îmi găsesc propriul ritm. Ca să pot să fiu eu bine, altfel nu avem cum să fac nimic bine.

Cum am făcut? Alegând să fac unele lucruri și renunțând la altele. Nu se poate altfel.

5 pași care te ajută să-ți găsești propriul ritm și echilibru

1 **Renunță la întâlnirile care pot fi rezolvate** de alți colegi sau prin e-mail / telefon / Zoom. Mai mult, eu am renunțat la proiectele mici și consumatoare de timp.

2 **Investește în tine constant.** Atât în dezvoltarea personală, cât și în aspectul vestimentar. Fie că ne place sau nu, suntem judecați în doar câteva secunde pentru "first look". Iar în România lookul chiar contează. Ce gândim contează, firește. Dar asta se observă abia după prima impresie!

3 **Ai grijă de sănătatea și corpul tău.** Pe lângă sport și alimentație sănătoasă, nu uita, anii nu trec fără să-și lase amprenta. Așa că îngrijește-te.

4 **Fii mai bun și învață să te iubești.** Și să descoperi și să apreciezi ce ai bun. Nu mai enumera mereu ce nu-ți place la tine, ci ce atuuri și puncte forte ai.

5 **Cea mai frumoasă rochie pe care o poate avea o femeie este încrederea.** La fel, cea mai frumoasă ținută pentru un bărbat este încrederea. Caută să descoperi cine ești și construiește-ți încrederea în tine. Încrederea care vine din ceea ce știi că ești și ce poți să faci. Da, recunosc, ani de zile am căutat recunoașterea la cei din jur: la familie, soț, la colaboratorii din piață, dar este o păcăleală. Este o apreciere care de fapt nu contează. Știi că ai reușit să ai cel mai bun echilibru din lume doar când ești tu bine cu tine!

Echilibristica
de a lucra în echipă

DIFERENȚA DINTRE UN LIDER ȘI UN SIMPLU DIRECTOR DE COMPANIE nu se vede în felul în care vorbește despre oamenii lui, ci în modul în care îi tratează.

Directorul sau proprietarul de companie poate ține discursuri magnifice despre importanța oamenilor din compania lui, despre resursa umană care ține universul în echilibru și despre cum absolut nimic nu vine înaintea binelui angajaților.

După care, de cele mai multe ori, se va da jos de pe scenă și va contrazice, în practică, toate lucrurile pe care le-a rostit la microfon.

Liderul, în schimb, este omul care se preocupă activ de soarta oamenilor lui în toate momentele unei săptămâni normale de lucru, nu doar când se află în fața unei audiențe care îi soarbe fiecare cuvânt.

Aceasta este realitatea: resursa umană este mereu esenţială în discursuri şi interviuri, dar tot mai rar în viaţa zilnică. Exact aici stă explicaţia faptului că Marta şi-a păstrat oamenii aproape în cele mai grele momente ale revistei Biz, iar cei care au plecat de-a lungul timpului au făcut-o mai curând pentru că îşi doreau schimbări de carieră sau un nou început în viaţă.

Unii s-au întors la scurt timp, alţii au rămas colaboratori de la distanţă, dar cei mai mulţi au rămas prieteni ai revistei. Chiar dacă nu mai sunt la Biz, le pasă de Biz.

Pentru fiecare om care a plecat, Marta a stat să se gândească de ce şi cum ar fi putut face lucrurile diferit.

Indiferent de motivul plecării, ea stă să analizeze situaţia, pentru că orice plecare cântăreşte greu pentru ea.

Făcând documentarea pentru această carte, îmi arată o fotografie cu oamenii care îi erau alături în anul 2010 şi îmi spune: *„Nu mă gândesc că au rămas 7 oameni, ci că nu mai sunt 4 oameni din acea poză".*

Redacţia Biz nu e o colectivitate de angajaţi, ci o echipă al cărei nucleu s-a păstrat intact de aproape zece ani. Lucrează împreună, dar au şi multe zile în care Marta le organizează ieşiri strict ca să se distreze în echipă: zile la piscină, degustări de vinuri şi brânzeturi, ieşiri la mare şi la munte în team building sau orice altceva îi vine în minte la un moment dat.

Se potriveşte perfect sloganul „Work Hard, Play Hard", pentru că Biz aşa funcţionează: când e de muncă, nimeni nu se clinteşte până nu e gata treaba; când e de distracţie, atunci toată lumea se relaxează fără să se mai gândească la altceva. Dacă nu-ți eliberezi mintea din când în când, nici ideile bune nu au cum să vină.

Stilul disciplinat al Martei i-a ajutat și pe ceilalți membri ai redacției să se organizeze mai bine cu timpul. De la începutul carierei, ea a fost obișnuită să compartimenteze și să delimiteze orele pe care le are la dispoziție: diminețile sunt dedicate muncii intense, dar weekendurile nu sunt pentru muncă, ci pentru relaxare care să conducă ulterior la noi idei, iar lucratul până târziu în noapte nu este încurajat.

După ce a stat ani de zile în ședințe la 3 dimineața, știe că ea nu-și dorește așa ceva pentru echipa ei.

Dacă merge în vacanță într-un loc nou, se gândește automat cum ar putea să facă un parteneriat cu locul respectiv ca să aducă toată redacția într-o escapadă, iar călătoriile ei sunt aproape întotdeauna sursă de idei pentru viitoare proiecte.

Când pleacă din București sau face altceva în afară de Biz, mintea ei intră automat în programul de relaxare și devine atentă la alte lucruri. Se deschid noi supape de idei, apar inspirații de moment și se fac conexiuni pe care în timpul săptămânii nu ar avea timp să le observe.

Colegii ei s-au învățat deja că, atunci când Marta pleacă undeva două zile, sigur vine cu zece idei la întoarcere.

Dincolo de modul în care își împart munca și relaxarea în redacție, în tot ceea ce ține de relațiile cu terții Marta se ghidează după un principiu simplu și de bun-simț: *„Dacă mă respecți pe mine, îmi respecți și echipa".*

Inversul fiind de asemenea valabil: în momentul în care cineva se poartă lipsit de respect cu orice alt membru al echipei Biz, Marta consideră că este o jignire la adresa întregii echipe, în frunte cu proprietara companiei.

La ora la care Marta se afla în spital, la Viena, așteptând să fie dusă în sala de operație pentru prima intervenție de îndepărtare a cancerului de col uterin cu care fusese diagnosticată, în România se desfășura un eveniment Biz.

Era o zi ploioasă, cu trafic congestionat, genul de zi care dă coșmaruri oricărui organizator de evenimente, pentru că oamenii care au confirmat întârzie sau se simt descurajați de vremea de afară și nu mai apar.

În sala rezervată pentru eveniment, la un hotel din București, abia dacă apăruseră oamenii și mai era un sfert de oră până la începerea evenimentului.

Un om din echipă vorbea la telefon cu Marta și îi spunea că unul dintre sponsori era foarte enervat de numărul mic de participanții. Participanți care într-un final aveau să vină. Doar că nu imediat.

Știa că Marta e departe și că e în spital și – pentru că omul cu care nu ar fi avut curajul să se ia la ceartă nu era acolo – profita de moment pentru a se descărca pe restul echipei.

Asemenea comportamente, care în alte companii sunt acceptate pe principiul *„Clientul nostru, stăpânul nostru"*, nu stau în picioare cu Marta.

Dacă nu e acolo, sună după eveniment și atrage atenția celor care s-au purtat urât cu oamenii ei sau le dă un e-mail în care le explică elegant că o asemenea atitudine nu este acceptabilă.

Marta se comportă cu echipa ei ca o cloșcă protectoare, iar dialogurile care au loc între ea și oamenii ei în momentele tensionate de la evenimente descriu exact dinamica acestei relații. Când Marta află ca unii invitați s-au comportat exagerat, îi întreabă: *„Ce s-a întâmplat? Spune-mi exact, te rog?"*, tăcerea nefiind un răspuns acceptabil.

I s-a întâmplat ca, la unele evenimente, programul să se decaleze din cauza întârzierilor unor participanți din panelurile de discuție, iar oamenii să se arate deranjați. La un moment dat, o doamnă care urma să intervină într-un alt panel discuta foarte înflăcărat cu un membru al redacției Biz, iar Marta a prins situația din zbor. I-a explicat, elegant, că evenimentul s-a decalat pentru că un coleg din aceeași companie cu doamna a întârziat, după care același coleg a vorbit mai mult decât timpul pe care îl avea alocat.

Brusc spăsită, doamna a bătut în retragere, recunoscând că de obicei conferințele se decalează tocmai pentru că oamenii mai întârzie sau se lungesc, dar că avusese o dimineață proastă și s-a enervat pe situație.

Jurnalistul responsabil cu desfășurătorul devenise un bun sac de box pentru nervii ei, pentru că era cineva care nu putea să dea replica sau s-o contrazică. Nu luase însă în discuție prezența Martei.

Oficial, asemenea lucruri se uită, dar neoficial există o listă neagră, nescrisă, a oamenilor care s-au purtat urât cu echipa de-a lungul timpului, care au jignit sau au tratat fără respect un membru al redacției Biz.

Când se pregătește un anumit eveniment al revistei, Marta li se adresează deschis tuturor: *„Bun, vreau să știu pe cine NU vreți din lista de invitați pe care am propus-o și vreau să îmi spuneți sincer!"*. Oamenii prind curaj și îi spun, apoi se bucură că există cineva care le poartă de grijă. Se simt protejați și simt că au un cuvânt de spus. Interesul companiei nu este niciodată mai presus de respectul pe care îl merită și ultimul membru al echipei redacționale.

Acest gen de oameni indezirabili sunt însă excepții punctuale printre toți oamenii buni pe care i-a adunat în jurul ei de-a lungul timpului.

Are o capacitate inepuizabilă de a spera și de a crede în bunătatea oamenilor, pe care niciun fel de dezamăgire nu a reușit să i-o erodeze.

Dacă un parteneriat nu merge și îi lasă un gust amar, nu spune că nu va mai căuta niciodată vreun alt partener. Caută până găsește, un lucru valabil pentru orice, de la parteneri de afaceri până la curierul care livrează abonamentele sau la oamenii pe care îi angajează să văruiască o cameră.

"Nu îmi plac compromisurile și dacă un om nu e okay, nu mă las până nu găsesc un om okay. Eu chiar cred că există mulți astfel de oameni pe lumea asta."

Marta
despre

lucrul în echipă

SUNT OM DE ECHIPĂ. AM FOST MEREU ȘI AM RĂMAS OM DE ECHIPĂ. Iubesc ideea de grup care are aceeași misiune și aceleași convingeri. Îmi plac încrederea și curajul pe care le avem când suntem împreună și îmi place să văd ce puternic a reușit să crească și să construiască #BizTeam!

Nimic din ce am reușit în toți acești ani nu îmi pot atribui doar mie. A fost mereu un efort de echipă. Un mecanism minunat pe care am reușit să-l ung, cu iscusință, e drept, și care a funcționat și funcționează frumos în continuare.

Suntem singura și cea mai puternică echipă cu adevărat din presa de business. Suntem o familie și, deși știu că e perimat acest termen, noi chiar suntem familia Biz.

Cum spun prietenii, Biz este băiatul meu cel mare. Și iubirea pentru echipa mea și pentru brand se transmite prin tot ceea ce facem. Iar mascota redacției este un superb motan care se numește, ați ghicit, Bizou!

Cum ne-am legat așa? Natural, zi cu zi, transparent și onest, fiind împreună la bine și mai ales la greu.

Sigur, nu e ușor să ajungi să le fii șef celor cu care ai fost coleg. Nu mi-a fost ușor nici mie la început. Dar știam cu toții că nu avem altă șansă decât să punem umărul, toți, și să facem afacerea să meargă. Altfel, nu ne luam salariile. Veneam cu toții, în 2009, după o perioadă în care de peste șase luni nu luaserăm niciun ban. Și am înțeles că nu e de ajuns să vii la birou la program. Banii nu vin dacă nu facem, fiecare, ceva eficient și smart, **în fiecare zi.**

Pentru cei care vor să ne știe secretul, în echipă am vorbit deschis de fiecare dată. Ne-am contrazis și ne-am supărat unii pe alții sau eu pe ei și ei pe mine, dar am învățat să ne înțelegem și, ceea ce am reușit, să simțim cu toată ființa că suntem o echipă.

Eu mă bazez pe oamenii mei. Când nu am văzut toate aspectele unei situații, știu că cineva din echipă a observat ce mi-a scăpat și a rezolvat. Și m-am bucurat de fiecare dată când am văzut că am oameni capabili și dedicați alături. Este mană cerească! Este minunat momentul în care vezi cum reușim să gândim și să acționăm la fel.

Iar eu, se știe, sunt prima care îi apreciază și-i premiază sau îi "apără" pe colegi când cineva se trezește să îi "certe" pentru că ar fi meritat un text mai nu știu cum sau o poziție mai sus într-un top.

Ei sunt familia mea mărită şi oamenii alături de care am crescut şi m-am dezvoltat şi cu care iubesc să mergem, iar şi iar, în fiecare ţară de pe mapamond sau în cele mai cool team buildinguri!

Iar ceea ce am văzut, tot în timp, este că cei care au plecat de la Biz ne-au rămas alături şi am rămas în relaţii frumoase. Contează enorm. Arată că nu am fost niciodată o echipă doar pentru că suntem angajaţi şi angajator!

Lucrurile despre care nu vorbim

ÎN ANUL 2013, MARTA A ÎNCEPUT SĂ SCRIE PE BLOGUL EI DESPRE BOALĂ, despre drama trăită în copilărie cu businessul pierdut al familiei şi despre toate lucrurile incomode ale vieţii de antreprenor.

Mai întâi ca mod de vindecare, de descărcare şi, în cele din urmă, ca sfidare tacită a celor care refuzau să vorbească, deşi aveau ceva de spus.

Un lucru care se repetă în buclă, de douăzeci de ani de când face jurnalism, este teama oamenilor de a vorbi despre lucruri care nu-i pun în cea mai bună lumină.

I s-a întâmplat să întrebe personaje din business despre momente grele din carieră şi să primească doar confesiuni

„off the record" sau, în cazul în care respectivul declara totuși ceva concret, a doua zi se trezea cu un telefon de la omul de PR care o anunța că domnul respectiv nu ar vrea ca acea informație să apară în articolul final.

La un moment dat, un personaj i-a spus drept în față că nu poate povesti despre momentele grele din carieră, fiindcă va râde concurența de el. *„Dar ce-ți pasă ție de asta?"*, a fost replica Martei, pe care părerile terților au lăsat-o mereu mai degrabă indiferentă.

Pentru cei mai mulți dintre oameni însă, felul în care lumea îi privește reprezintă totul, iar expunerea unui eventual moment de slăbiciune este ca o victorie a unui dușman imaginar: *„De ce să le dau satisfacție tuturor invidioșilor, să știe că mi-a fost greu?"*.

Împărtășirea era – și în mare măsură încă este – un tabu al societății noastre, fiindcă expunerea înseamnă vulnerabilitate și implicit teamă.

Avem impresia că lumea pândește să ne prindă pe picior greșit, iar asta ne oprește din a face o mulțime de lucruri. Nu punem întrebări ca să nu spunem vreo prostie, nu intervenim ca să nu fim luați în râs, nu ne expunem ca să nu fim ridicoli.

Cultura estică ne predispune, indirect, la această viziune asupra vieții fiindcă, spre deosebire de americani, care își poartă rateurile ca pe niște medalii ale faptului că au avut curaj să se avânte de 10 sau de 20 de ori, la noi omul care a eșuat știe că undeva există cel puțin o persoană care o să ia în derâdere experiența lui sau o să se bucure că a dat greș.

Pentru că pe blogul ei Marta putea să scrie orice voia, a vrut să scrie lucruri relevante, pe care la rândul ei ar fi vrut să le citească la alții, dar aceștia nu erau dispuși să le spună.

Pe măsură ce scria despre tot ceea ce trăise și învățase în momentele ei grele, Marta descoperea că și lumea se deschide către ea.

Colegi de breaslă veneau și-i mărturiseau că trecuseră și ei prin lucruri similare sau că familiile lor avuseseră eșecuri antreprenoriale asemănătoare, iar mii de oameni necunoscuți din online îi mulțumeau pentru că scrie și că are curaj.

La propriile eșecuri, Marta se raportează în același stil adaptiv, de om care trebuie să rezolve o problemă.

Au fost multe idei pe care le-a văzut mai mari decât au fost până la urmă sau proiecte care era sigură că vor face furori și n-au făcut. Dar, de fiecare dată când a vrut să facă un anumit proiect, iar el nu părea să se lege în niciun chip, Marta nu s-a lăsat.

Mai exact, nu a lăsat acel proiect să moară. Dacă era o idee de eveniment și nu a ieșit, a luat-o și a transformat-o într-un supliment al revistei Biz.

Dacă nu a fost suficient interes nici să iasă supliment, a făcut un dosar în revistă. Dacă n-a fost dosar, a ieșit măcar un articol.

Nicio idee în care ea a crezut n-a fost vreodată abandonată cu totul. Redimensionată, reevaluată, da. Dar nu a renunțat la ea complet.

Viața e făcută și din ghinioane, uneori din ditamai șiragul de ghinioane. Unii oameni îți vor spune că le-ai atras cumva, că ai făcut tu ceva de vin toate peste tine. Alții te vor încuraja spunându-ți că, dacă tot vin deodată, vor trece așijderea. Dar oamenii la care merită să pleci urechea sunt cei care au trăit, au supraviețuit și au puterea să dea altora un cadou al vulnerabilității pe care ei nu l-au primit niciodată.

parteneri
în business

PARTENERIATUL ESTE UN SUBIECT SENSIBIL ŞI CELE MAI MULTE PARTENERIATE NU DUREAZĂ. De ce? Sunt atât de multe explicaţii! Aşa cum ajungi să nu te mai înţelegi în familie cu cei cu care stai şi împarţi fiecare zi, fiecare grijă şi fiecare zâmbet, la fel se întâmplă când încerci să construieşti alături de cineva cu care ai, la un moment dat, acelaşi ideal, aceeaşi viziune sau aceeaşi direcţie.

Partenerii pornesc la drum cu acelaşi gând, dar realitatea transformă businessul şi relaţia în fiecare zi şi cu fiecare om din echipa care începe să crească, iar fiecare om se dezvoltă diferit, în timp, în direcţia la care se pricepe sau spre care aspiră.

Eu am apreciat mereu oamenii cu care am simţit că mă potrivesc. Şi am respectat enorm partenerii care s-au priceput mai mult într-un domeniu şi, da, le-am dat mână liberă. Este înălţător, simţi la propriu că prinzi aripi când partenerul tău vine cu o soluţie acolo unde tu nu vezi ieşire şi iubesc aceste colaborări în care ambii sau toţi partenerii contribuie cu ce au mai bun.

Parteneriatul este misiunea de a lucra împreună pentru a reuşi fiecare, prin aportul său, să ducă businessul înainte, în direcţia bună. Şi arta de a jongla cu orgoliul şi cu aşteptările, dar necesită o putere specială, aceea de a vorbi deschis despre ele.

Mă consider un om norocos că am reuşit să am lângă mine oameni alături de care am construit. N-a fost mereu aşa, bineînţeles. Am trecut şi prin momente grele în care a trebuit să aleg ce a fost mai bine pentru business. Şi acest lucru, recunosc, m-a chinuit enorm. Pentru că mă afectează când nu reuşesc să găsim soluţii satisfăcătoare pentru toată lumea.

Poate e un defect, dar mereu am căutat soluţia justă într-un parteneriat şi cred în continuare că aşa este cel mai bine, chiar dacă de multe ori am pierdut, dar prefer să pun liniştită, seara, capul pe pernă şi să ştiu că am făcut ceea ce e corect. Iar principala lecţie pe care am învăţat-o este să nu lucrez cu oamenii care au mereu scenarii în minte. În loc să construiască, partenerii cu astfel de traume mai mult vor consuma din timpul și resursele companiei, punând constant totul sub semnul întrebării, în loc să aibă un aport pozitiv.

Mintea cea de pe urmă este cea mai bună, nu? Pentru cineva care are un parteneriat sau se gândește să facă un parteneriat, iată câteva recomandări. Sper să ajute.

10 recomandări pentru un parteneriat de succes

1 Alege un partener care să te completeze și care are aceleași valori și mod de gândire.

2 Stabiliți clar colaborarea și ce proceduri agreați. Să fie negru pe alb trecut cine ce face. Plus: verificați constant că respectați înțelegerea.

3 Dă feedback continuu. Spune ce așteptări ai, chiar dacă de multe ori îți e rușine de rușinea celuilalt. Trebuie să pui problemele pe masă și să le lămuriți.

4 Nu lăsa constant de la tine. Spune: "Da, ideea asta nu este una pe care o împărtășesc, dar facem ca tine acum". Indiferent de motive, când alegi să lași partenerului senzația că are o soluție OK, transformi intenția bună într-un bumerang care va reveni la tine fix pe dos: "Am avut idei mai bune", "Eu am găsit mereu soluții", "Eu am muncit mai mult!".

5 Colaborați cu sau angajați din prima zi un avocat care să vă consilieze și să traseze clar aspectele parteneriatului. Scuza că sunteți prea săraci se transformă de regulă într-o greșeală scumpă.

6 Ține minte că de voi depinde parteneriatul. Nimic nu durează veșnic, deci aveți grijă de ceea ce v-a adus împreună.

7 Învață să înțelegi rațiunile celuilalt când nu îți place o propunere și să alegi ce e mai bine pentru companie.

8 Asumă-ți responsabilitatea pentru ce se întâmplă, și în cazul în care lucrurile merg bine, și când merg rău.

9 Fă la șase luni ședințe de creștere și idei noi pentru dezvoltarea afacerii. Întâlnirile fun de genul "Ce ar fi dacă?" au mai multă valoare adăugată decât ai putea crede.

10 Stabiliți un demers de despărțire de la începutul parteneriatului. Este sănătos și ai altă detașare la început. În plus, pe cât de bun este un parteneriat valoros, pe atât de rău este unul care te trage înapoi.

viața
după Biz

ÎN PANDEMIE, MARTA ȘI-A PUS PENTRU PRIMA OARĂ PROBLEMA unei vieți dincolo de brandul cu care toată lumea o asociază de 23 de ani încoace. Pe fondul crizei medicale, al restricțiilor care au ținut businessurile și evenimentele blocate, a avut loc și acel moment de sinceritate: exista viață în afara Biz-ului?

Toate cărțile de economie și de business fac diferența între antreprenorii emoționali și oamenii de business cu sânge rece prin răspunsul la o întrebare: *„Ai fi în stare să vinzi totul, mâine?"*.

Cei care se fâstâcesc, gândindu-se la toate resorturile emoționale și la istoria lor cu un brand, sunt empaticii,

oamenii pentru care detaliile vor fi mereu mai impor-
tante decât banii.

Marta ar vinde, da, aşa spune, pentru o anumită sumă,
dar ştie sigur că nu o să vândă niciodată ca să se retragă
undeva pe o plajă. Sau pentru un an sabatic.

Ar vinde ca să facă altceva, ceva ce i-ar aprinde mai
tare imaginaţia la acel moment, care nu se ştie când şi
dacă va fi.

În pandemie a avut timp mai mult ca de obicei să se
gândească dacă într-adevăr ar fi capabilă să facă şi altceva
decât a făcut toată viaţa.

Pentru prima oară, şi-a pus problema „ce ar mai fi dacă
n-ar mai fi Biz?". Neaşteptat de amuzantă pentru Marta a
fost reacţia unui investitor, care a întrebat gânditor: "Biz
există fără Marta? Unde începe Biz şi unde Marta?"

A vorbit despre acest subiect cu câţiva apropiaţi şi an-
treprenori cu care are o relaţie de prietenie, iar concluzia
a fost sinceră şi oarecum flatantă.

Chiar dacă nu ar mai fi la Biz, dintr-un motiv sau altul,
oamenii ar face în continuare proiecte, ar disemina idei şi
ar vrea să facă parte din proiecte cu Marta. Pentru că… e
Marta.

Povestea ei este exact cum aţi citit în carte şi este un
„succes" în sensul total nestrălucitor şi nespectaculos
al termenului. E o poveste despre succesul real, despre
muncă şi despre momente în care îţi vine să renunţi şi
aproape o faci.

E despre dezamăgiri, uşi trântite în nas şi oameni
care îţi întorc spatele când nu te aştepţi. Despre greşeli

strategice și scăpări umane inevitabile. Dar mai ales e despre rezultate și oamenii care îți sunt alături la greu și despre seninătatea pe care o dobândești după o viață de obstacole depășite, când înțelegi că lucrurile ar putea să nu devină niciodată mai ușoare... și că e în regulă.

Te descurci și așa.

„Eu sunt conștientă că mă descurc oriunde", mi-a spus Marta la finalul ultimei noastre întâlniri de documentare, în timp ce mâncam câte o prăjitură, după șase ore de interviu continuu.

„Odată (când încă nu erau cardurile pe telefon) am plecat într-o delegație doar cu telefonul, fiindcă mi-am uitat acasă cardurile pe masă. Și m-am descurcat și așa... Dacă am învățat ceva în viața asta, am învățat că pot să mă descurc oriunde."

Râde și, dacă din partea altui interlocutor ar fi sunat ca o laudă, venind de la ea e o concluzie calmă și nepretențioasă, la care a adăugat, luând ultima linguriță de prăjitură, cuvintele care sunt antiteza tuturor citatelor motivaționale pe care le-ați citit vreodată:

„Norocul meu în viață a fost că am avut o direcție clară și multe probleme financiare".

Da, noroc.

Când ai probleme financiare, principala ta grijă este să le depășești. Nu ai timp de crize existențiale. Marta avea o echipă care trebuia plătită, iar lupta pentru a face lucrurile să meargă pentru redacție a contat mai mult decât ce spuneau unii și alții în jurul ei și decât pronosticurile de reușită și eșec care se puneau pe capul ei. Trebuia să pună afacerea pe roate şi nu avea timp să se gândească la altceva decât la soluții.

Pe Marta, antreprenoriatul a ajutat-o să se cunoască mai bine şi a ajuns la concluzia că multe truisme care circulă despre antreprenori şi despre leadership sunt reale. Liderul este mereu singur, chiar dacă se înconjoară cu oameni care îi rămân alături decenii întregi.

Când ştii că deciziile tale au impact direct asupra altor oameni, ajungi să te simți singur cu gândurile şi alegerile tale.

Singurătatea nu este însă ceva de care să fugi. Marile concluzii şi lecții ale vieții acolo se decantează, în singurătatea de care mulți oameni se feresc, pentru că îi face să se simtă vulnerabili.

Când rămâi singur cu tine poți să îți stabileşti un profil concret al propriei ființe: ştii că te pricepi la anumite lucruri mai bine decât la altele, decizi că sunt principii la care nu eşti dispusă să renunți, stabileşti că unele lucruri contează mai mult decât altele, enumeri punctele slabe şi le accepți.

Pentru un lider, singurătatea e aproape necesară, periodic, ca exercițiu, iar pentru Marta fiecare seară reprezintă un mic bilanț pe care s-a obişnuit să-l facă.

Rememorează ziua pe care a avut-o şi, de foarte multe ori, se mustră sau se ceartă de-a dreptul pentru diferite momente.

De obicei sunt lucruri mici pe care ar fi vrut să le facă sau să le spună altfel, formulări care i se par, retrospectiv, prea abrupte.

La un moment dat, într-o întâlnire cu cineva pe care-l vedea pentru prima oară, a făcut o glumă, spunând ceva de genul: *„Eh, nu mă cunoașteți pe mine, sunt foarte importantă".*

Este exact genul de expresie pe care Marta o folosește pentru a face haz de propria persoană, dar nu își dădea seama dacă persoana respectivă, care o vedea prima dată, a prins ironia sau dacă nu cumva a crezut că vorbește serios.

„Ce m-a apucat să fac gluma despre cât de importantă sunt? Ce-o fi zis acel om, dacă o fi crezut că eu chiar am vorbit serios?"

Cam așa sună o ceartă pe care Marta o are cu propria persoană. Nu stăruie, ci trece mai departe după ce procesează ceea ce consideră că a fost o greșeală sau ceva ce putea face mai bine.

Nu se teme să recunoască atunci când a greșit, nici față de propria persoană, nici față de alții.

La fel ca „Nu vreau", pe care mulți nu au curaj să-l accepte sau să-l rostească, „Îmi pare rău" sunt niște cuvinte grele pentru mulți, pentru că le văd ca pe un eșec. Pentru Marta, sunt o normalitate: toți greșim, contează doar să nu continuăm în greșeală.

La finalul zilei este momentul în care te întorci la tine și te uiți în oglinda propriei persoane, după ce în restul zilei te-ai oglindit în alții.

Pentru Marta, acesta este un moment esențial, așa cum este esențial și să nu îi lași pe alții să-ți spună cine ești, ce poți să faci și cum să faci. Dacă le dai voie, nu o să mai fii niciodată tu, ci o să fii cine cred alții că ești sau cine vor alții să fii.

Când ești singur și onest, tu cu tine, poți descoperi cel mai bine cine ești. Iar dacă nu-ți place cine ești, poți oricând să schimbi totul, de la zero.

Marta despre

cum am devenit
doamna de fier

M-A ÎNTREBAT UN CITITOR CUM AM REUȘIT SĂ-MI REVIN după ce am trecut printr-o perioadă grea și pe plan personal, și profesional. Un altul mi-a spus că nu prea poți să-ți revii după un eșec și susținea că sunt o optimistă dacă eu cred că se poate.

Nu cred că este ușor să găsești puterea să te aduni. Să crezi iar și iar că mâine este o nouă zi! Cred însă că de fiecare dintre noi depinde cum ne facem viața. Și că pierzi mai mult dacă rămâi jos, convins că nu poți să faci nimic, decât dacă încerci în fiecare zi să te ridici în picioare.

Scriu din experiență

Opiniile și ideile despre care scriu au la bază convingerile la care am ajuns după ce-am trecut prin multe experiențe, și bune, și rele. Mai mult rele, din păcate, așa cum se întâmplă în viață.

M-am angajat la 18 ani, în primul an de facultate. Părinții mei s-au numărat printre antreprenorii români care au intrat în afaceri fără să fie pregătiți. Care, prin naivitatea și încrederea pe care au avut-o în clienți, colaboratori și bănci, au reușit să piardă magazinul pe care-l aveau și casa pe care au folosit-o garanție.

Am avut și câte două joburi ca să pot plăti chiria și să supraviețuim. Cei care mă cunosc știu că ani de zile n-am vorbit decât despre momentul în care voi reuși să-mi cumpăr propria casa. S-a întâmplat după 8 ani, perioadă în care am strâns bani de avans și am avut grijă de părinții mei, care n-au mai reușit să se acomodeze și să înțeleagă realitatea în care trăim.

Am lucrat cu mult drag și îndârjire ca să-mi cresc poziția și salariul! Am avut norocul să am în jur oameni care să-mi deschidă mintea. Să mă ajute cu idei și recomandări care au valorat mai mult decât orice ajutor financiar aș fi putut primi.

Când am ajuns redactor-șef la Biz și îmi era în sfârșit bine, a venit criza. Acționarii revistei au decis s-o închidă. Am avut o pornire de moment, le-am spus că vreau s-o preiau eu. Am crezut în echipă și brandul Biz și am ales atunci să mă lupt atât cu colaboratorii și concurenții din piață, cât și cu propria familie, care nu credea că am vreo șansă.

Vinerea Mare

N-o să uit niciodată acea zi. Am făcut în sfârșit primii bani serioși, după patru luni de zile în care am muncit zi și noapte. Când am venit vineri la birou am aflat că ne-a fost blocat contul. Nu se plătiseră taxele! Aşa încep migrenele!

Preluasem afacerea, dar nu şi în acte. Nu ştiam toate detaliile businessului. Focusul meu era să fac bani. Să fac revista să meargă. Am greşit. Rău. Neştiinţa, încrederea, ghinionul, toate au făcut ca în Vinerea Mare, când trebuia să dăm salariile, banii să fie blocaţi. Pierduţi.

Am plâns. La fel, echipa mea şi familiile noastre. Am clacat. Nu ştiam ce pot promite. Nu aveam ce să fac. Neputinţa m-a încremenit. A fost primul moment în care am crezut că nu mai avem nicio şansă. Am plecat acasă fără să mai vorbim. Nu era nimic de spus...

Când am revenit marţi, după Paşte, am întrebat cine rămâne alături de mine. N-am promis decât că voi face o nouă firmă, pe numele meu, şi mi-am promis că nu se va mai întâmpla niciodată aşa ceva. Că dacă mai pierd vreodată, pierd pe mâna, munca şi greşeala mea!

Femeie în afaceri

Am făcut proiecte neaşteptate pentru piaţa încremenită din print. Am avut noroc şi am reuşit să ne revenim cu revista. Am avut însă "regulat" parte şi de companii care n-au respectat contractul sau care n-au plătit. De concurenţi care ne făceau reclamă nefavorabilă şi de colaboratori care considerau că mă pot intimida, femeie fiind. Unul a venit în redacţie precizându-mi deloc elegant că, dacă nu plătesc la timp, ştie unde să mă găsească.

M-a deranjat atitudinea şi ce spunea. N-avea încredere că-i plătesc? Eu, care am plătit toate datoriile în această viaţă, ale mele şi ale celor din jurul meu? I-am retezat-o sever şi l-am poftit să plece. După ce-am rămas singură, în birou, mi-am dat seama de realitatea situaţiei. Mă ameninţa pentru că eram femeie! Mă vedea slabă şi neajutorată.

M-am enervat. Îmi venea să urlu. Am angajat mai mulţi bărbaţi din acel moment, inconştient. Şi acum, când văd subiecte sau conferinţe despre antrepreoriat la feminin, mă enervez. Chiar nu înţelege nimeni situaţia? Femeile nu pot mai mult decât un coafor sau o casă de modă?

Niciun jurnalist bărbat n-a făcut vreodată un interviu corect cu mine. Despre business! Unii m-au considerat o marionetă şi au gândit că este altcineva în spatele revistei. Alţii, o fiinţă slabă. Iar cei mai mulţi m-au ignorat – ca femeie nu eşti importantă!

Realitatea arată că n-au avut dreptate. M-au chinuit însă mulţi ani această idee şi percepţia asupra femeilor care persistă încă în piaţă. Sunt conştientă acum de această realitate, aşa cum ştiu exact ce sunt capabilă să fac. Asta nu şterge însă nopţile nedormite, nervii şi comportamentul urât pe care l-am suportat de la unii "gentlemeni". Am învăţat însă din toate: să-mi aleg colaboratorii, să nu lucrez cu bădărani, cu oameni care nu ne respectă munca sau care negociază nesimţit de mult.

Lupta cu neîncrederea

Când eşti antreprenor visezi mult. Crezi că poţi să faci orice. Aşa eram şi eu. Aşa am pornit la drum! Ştiam că este greu să mergi la întâlniri de vânzări, că afacerile sunt afaceri şi trebuie să te lupţi şi pentru cea mai mică victorie. N-am ştiut însă cum e să te lupţi cu neîncrederea.

Cum este să te întâlnești cu interlocutorii pentru interviuri, iar ei să-ți spună țuguiat din buze: Nu! Nu aveau încredere că revista va supraviețui, deși mă cunoșteau. Eram tot eu, jurnalistul cu care colaboraseră atâția ani. Culmea este că nu pierdeau nimic dacă ne acordau un interviu, dar nu erau dispuși să facă nici măcar atât... Cum te ridici după asta? Greu. Fără tragere de inimă și încredere în tine. Cu un gust amar, amplificat de fiecare dezamăgire în parte. Dar te ridici. Și dacă mai ciocăni la o ușă, nu știi niciodată, cineva o să răspundă firesc: Da!

Manager, director de dezvoltare, om de vânzări, prieten și femeie de serviciu

A trebuit să convingem fiecare furnizor și interlocutor în parte să lucreze cu noi. Să plătim din datoriile vechi ale revistei ca să putem funcționa. Am luptat pentru fiecare milimetru de speranță!

Am fost nevoită să caut tipografie în afara granițelor, pentru că nu ne primea nimeni în țară să tipărim decât cu banii jos. Radin a fost salvarea noastră! A trebuit să le explic prietenește colegilor că biroul nostru este al nostru. Că noi facem și deranj, și curățenie. Și că de noi depinde să fie frumos, și am dat exemplu de fiecare dată îngrijind biroul în care lucram. Cel mai greu a fost să le explic că fiecare detaliu care este "asigurat" by default de companie, cafeaua, administrativele, totul este acum achiziționat din banii pe care trebuie să-i facem. Și că expresia "plătește compania" nu există în primele luni de antreprenoriat.

Și în afaceri tot om ești

Am aflat pe 2 februarie 2010 că sunt bolnavă. Mi-au ieșit la analize celule de cancer. Nu, de data aceasta n-am clacat. Aveam un copil de doi ani și o revistă de crescut. Am fost la întâlniri și în dimineața primei operații. Nu au reușit să scoată toate celulele bolnave. O prietenă mi-a recomandat un oncolog în Viena. Am adunat bani și am mers să mă vadă. A urmat a doua operație. Din nou, rezultatul era pozitiv. Atunci a venit momentul de panică! Peste o lună am plecat la a treia operație cu teamă. Nu le puteam spune părinților, ar fi înnebunit de durere. Așa că Viena era orașul în care plecam din nou în "vacanță", în acea lună. După patru zile, într-o zi de marți, doctorul m-a sunat. Mi-a dat vestea mult așteptată. Sunt bine. În sfârșit! Și trebuie să refac analizele din 3 în 3 luni în următorii ani.

Toată această experiență m-a întărit. Și îmbătrânit. Dar m-a determinat să mă gândesc ce vreau. Ce-mi doresc. Și mi-am dat seama că vreau să fac lucrurile bine. Toate, de la cele mici, la cele importante.

„Fiecare eșec doare"

Când pui suflet în ceea ce faci, doare fiecare eșec. Ustură orice cuvant urât pe care cineva îl spune despre tine sau brandul tău. Așa sunt eu. Așa am fost mereu. Știam că avem un număr bun. Că am mai făcut un proiect așa cum nimeni altcineva nu făcuse în România, dar, în loc de aprecieri, primeam nepăsare sau critici din partea unor oameni cărora nici nu le ceream părerea.

Înțelegi târziu că recunoașterea nu vine când o aștepți. Nici când ai nevoie de ea. Totul se întâmplă la vremea lui. Trebuie doar să îți faci treaba bine, fără să aștepți să vină cineva să te ia de mână și să te ajute. Nu câștigi nimic dacă te plângi cât e de greu. Nimeni nu te înțelege. Dar făcând ceea ce știi că poți, îndrăznind să nu renunți, reușești să avansezi câte puțin, în fiecare zi!

Nu, nu e ușor să-ți faci propriul drum. Obosești și te consumi trăind măcinat zi de zi de griji, agitație, nervi și frici. Ajungi să fii sever, să ceri de la ceilalți să fie responsabili și să respecte înțelegerile și deadline-urile. Ajungi să alegi oamenii pe care-i vrei alături pentru că ai o singură direcție: vrei să-ți faci viața și activitatea funcționale!

Momentele grele te ajută să descoperi cine ești

Nimic nu e ușor în antreprenoriat. În munca cu echipa sau cu clienții. Și deși este frumos și emoționant când vezi că oamenii te apreciază, ajungi să înțelegi că ai uitat cum este să te bucuri de un compliment. Când vine cineva și-ți spune că ești bun, că ai cel mai bun produs, aștepți să urmeze o cerință...

Dar prin muncă și greutăți te întărești. Te dezvolți ca persoană și reușești să avansezi ca experiență. Important este să nu clachezi și să nu uiți să visezi și să lupți pentru aspirațiile tale.

Am avut o viață grea? Privind în urmă știu că fiecare întâmplare m-a ajutat să devin ce sunt azi. Și că din fiecare încercare am mai învățat ceva despre mine. Nu m-am întrebat obsedant de ce toate mi se întâmplă mie. Nici n-am așteptat ceva de la alții. N-aveam de la cine!

Aşa mi-am câştigat încrederea. A mea şi a celorlalţi. Şi am învăţat să-i apreciez şi mai mult pe cei care nu renunţă şi se luptă pentru a-şi face treaba mai bine şi pentru a avea o viaţă mai bună.

Iar dacă cineva îmi spune că scriu motivaţional, mă bucur. Scriu toate aceste rânduri şi sper să ajut cu postările mele. Dacă experienţa, ideile şi opiniile mele te împing să lupţi pentru ce-ţi doreşti, îţi inspiră acea senzaţie frumoasă că se poate, atunci am transmis corect mesajul: nu renunţa! Viaţa nu este aşa cum o visăm, dar este frumoasă şi luptându-te cu ea vei descoperi cât de multe poţi să faci.

Nu sunt de fier

Nu, nu sunt de fier! N-am fost şi n-aş putea fi. Sunt doar un om optimist care n-a uitat să se bucure de viaţă şi să preţuiască fiecare moment. Care plânge la filmele şi reclamele bune şi se emoţionează în faţa copiilor. Ştiu însă că tot ce e în jurul meu e făcut de mine, alături de oamenii în care cred şi pe care-i respect. Că pot să duc multe şi că niciun om care a lipsit de la lecţia de bune maniere nu intră pe lista colaboratorilor sau prietenilor mei.

Epilog

ACEASTĂ CARTE A FOST GÂNDITĂ DEOPOTRIVĂ CA O POVESTE DE VIAȚĂ și ca o sumă de lecții din experiența unui antreprenor real.

A pornit și ca un răspuns la întrebările, convingerile și nesiguranțele multor antreprenori aflați fie la început de drum, fie într-un punct de cotitură, adică exact în momentele în care apar cele mai multe dubii.

„Cum să reușească un om fără pile? Toată lumea are pile!", „Relațiile sunt totul, în ziua de azi, dacă nu ai relații nu ai nicio șansă", „Toți au un spate, un sprijin, cineva din umbră", „Dacă nu ești dintr-o familie de afaceriști cu experiență, mai bine nu te apuci…", „Dacă nu începi cu un cheag, cu o sumă de bani consistentă, e inutil", „Dacă nimeni de afară n-a reușit să facă așa ceva, cum să crezi că o să faci tu, într-o țară mică precum România?"

Şi mai ales supremul argument: *„Unii oameni pur şi simplu n-au noroc. Şi dacă n-ai noroc... e degeaba"*.

Toţi am auzit asemenea lucruri. Probabil le-am şi gândit, în momente de deznădejde sau revoltă. Nu spunem că toate sunt mituri fără fundament, dar întregul volum de faţă este o pledoarie argumentată, nefiltrată şi autentică pentru CONTRARIU. Este acel *„Ba se poate!"* pe care ar trebui să-l audă orice antreprenor în momentele grele şi pe care, de cele mai multe ori, nu e nimeni acolo ca să i-l spună. Aşa că o spunem noi, în 200 de pagini de poveste brutal de reală.

Marta Uşurelu este un om fără pile şi un om pentru care norocul este o noţiune cunoscută mai curând din teorii decât din experienţă. În schimbul proverbialului *„dram de noroc"*, Marta a primit ceea ce consideră a fi un providenţial şirag de ghinioane care i-au pus imaginaţia la treabă.

Nu doar că a început fără un „cheag", dar călătoria ei în lumea antreprenoriatului a început „pe minus". A muncit ca să plătească datoriile familiei, apoi a muncit ca să plătească datoriile unei reviste muribunde, după care a muncit ca să convingă o lume întreagă că revista Biz nu merită să moară, ba chiar că poate reprezenta o forţă în presa românească.

În acest moment al vieţii ei, Marta este un om care ştie pe toată lumea şi pe care toată lumea îl ştie. Este ceea ce, în discursul de mai sus, s-ar numi *„un om cu multe relaţii"*, un om care pune mâna pe telefon şi sună oriunde, fiindcă ştie că i se va răspunde cu amabilitate şi deschidere.

Toate acestea sunt relații pe care le-a cultivat singură, una câte una, pe parcursul ultimilor 20 de ani. Fiecare om care o cunoaște și o respectă pe Marta în prezent a cunoscut-o, cândva, într-o ipostază în care ea a trebuit să facă dovada abilităților și a meritelor ei ca om de presă și om de afaceri. De fapt, ca femeie de presă și ca femeie de afaceri, adică o echilibristică și mai complicată.

Americanii au o expresie consacrată: *"There is no such thing as a free meal"*, o aluzie plastică la faptul că nimic pe lume nu este gratuit sau total necondiționat. Nici măcar relațiile dintre oameni.

Așa este.

Nicio relație nu este necondiționată, pentru că se *"câștigă"* cu muncă și profesionalism, cu seriozitate, cu constanță, cu capacitatea de a-ți ține promisiunile și de a rămâne om de bine și atunci când totul e de rău.

Relațiile dintre oameni se forjează pe un șirag lung de confirmări ale lucrurilor de mai sus, iar faptul că oamenii pe care i-ai cunoscut de-a lungul vieții îți răspund oricând la telefon și te respectă nu înseamnă decât un lucru: că ai fost un om de caracter. Că ți-ai "plătit" relația respectivă cu omenie și profesionalism.

Poate în acest moment al vieții tale nu ai pile, nu deții în agendă numere de telefon importante, nici nu există cineva care ți-ar putea ridica o cortină imaginară ca să te introducă "în culise", acolo unde crezi tu că se trag sforile. Poate că nici măcar nu ai prea multă siguranța de sine, fiindcă toți cei din jurul tău ți-au sugerat, subtil, că nu ai stofă de antreprenor.

Poate crezi, pe bună dreptate, că în acest moment nici nu ai ce să oferi în schimbul lucrurilor pe care le visezi.

Nimic în viață nu e pe gratis, așa că ar fi bine să oferi, la schimb, cea mai bună versiune a ta de care ești în stare și să o faci cu toată convingerea. Poate nu ai relații, pile, nici toată lista de lucruri pe care ai impresia că alții din jurul tău le au, însă poți începe prin a avea caracter.

Marta despre

singurătatea liderului

ERAM REDACTOR-ȘEF LA BIZ, ÎN 2009. Zilnic auzeam despre ziare sau reviste care se închideau și ne temeam, toată echipa, de momentul în care vom avea vești de la top management. N-am scăpat de acel moment, din păcate. Sau din fericire, dacă stau și privesc acum în urmă, nu? Așa am ajuns antreprenor, cu ajutorul crizei!

Toți redactorii-șefi de la revistele din grup am fost chemați la o ședință. Mi-am anunțat echipa de această întâlnire. Ne-am uitat cu subînțeles unii la alții. Bănuiam care va fi anunțul, chiar dacă nu a spus nimeni nimic, și am plecat la întâlnirea cu boardul.

A fost o ședință lungă. Una de la care nu-mi mai amintesc prea multe, știu doar că mă gândeam încontinuu cum o să le dau colegilor anunțul oficial că se închide revista și că vom rămâne pe drumuri. Era un moment trist. Și greu. Știam situația tuturor. Nu mai luaserăm bani de mult și nici nu aveam opțiuni de angajare în alte părți.

Când m-am întors, n-am mai găsit niciun coleg în redacție. Era cu vreo două ore după finalul programului, e drept, dar nu mai era nimeni! Pentru generația de astăzi, care poate nu înțelege acest lucru, în presă nu prea există un program fix. Se lucrează, oficial, opt ore, dar am lucrat, din nefericire, ani de zile 10-12 ore și de multe ori și mai mult, ba chiar și în weekenduri.

M-am simțit singură. A fost prima dată când am avut acest sentiment și m-a mirat și pe mine. Înțelegeam toate motivele pentru care oamenii plecaseră acasă, și totuși...

A doua zi toți mă bombardau cu întrebări. Ce facem? Cum facem? Ce s-a anunțat? Cum s-a anunțat? De ce? Ce bani am putea lua? Ce recomandări le pot oferi?

Le-am spus și atunci, așa cum o fac mereu, direct și sincer că m-am gândit la toate aceste întrebări și la soluții când am venit în redacție, după ședință... Unii au înțeles mai târziu cât de important este să fie mai multe capete la masă. Și cât de important este ca oamenii să se încurajeze unii pe alții. Alții nu.

La câteva zile după, am anunțat că mă voi ocupa eu de revistă și am luat o mare parte din colegi cu mine. 11 oameni au venit cu mine fără ca eu să le promit un salariu, ci spunându-le doar că o să încercăm să facem noi un număr de revistă şi un eveniment. Şi că, în funcţie de ce bani reuşim să adunăm, decidem cum şi dacă lucrăm mai departe.

Puterea aduce şi responsabilitate, asta am învăţat din "Spiderman", nu? E firesc ca liderii să aibă responsabilităţile lor şi aportul lor într-o echipă. Şi da, mulţi sunt călăreţi singuratici, dar totuşi se vorbeşte foarte puţin despre momentele în care stai zile şi nopţi şi weekenduri întregi să te gândeşti ce faci cu echipa, cu banii, cu businessul.

Când am pornit la drum, după ce am preluat revista, am simţit brusc frica responsabilităţii faţă de cei 11 colegi. A fost un nou moment în care m-am gândit la fiecare om şi la familia lui, la ce vom face toţi dacă nu vom reuşi ce ne-am propus. Este foarte grea această responsabilitate.

Şi, de fiecare dată, am căutat cu îndârjire să iau cele mai bune decizii pentru echipă.

Nu toţi managerii sunt lideri. Şi nu toţi se îngrijesc de echipa lor. Nu despre ei vreau să vorbesc aici, ci despre cei cărora chiar le pasă. Şi ştiu că de alegerile şi strategiile lor depind familii întregi. Despre acele momente în care stai ore întregi singură şi cântăreşti şi alegi şi faci strategii mi-ar plăcea să se vorbească mai mult. Ar ajuta şi comunitatea de top manageri să se conecteze mai uşor şi le-ar arăta şi angajaţilor o parte din greutatea care ne stă pe umeri. Pentru că să fii şef, sper că deja oamenii au înţeles, nu înseamnă că îţi faci programul cum vrei şi să îţi dai ce salariu vrei. Este despre a fi un strateg bun, care ştie să ducă afacerea peste pandemii, crize şi probleme, să ţină echipa unită, să le poată da salariul la zi oamenilor și să știe că fiecare om are mai departe grijile și problemele lui. Pe care și tu trebuie să le știi, pentru că așa este într-o echipă.

Am știut și știu ce nevoi are fiecare om al meu. Unul se căsătorește, altul are o problemă de sănătate sau bucuria unui nou copil, altul divorțează sau are nevoie de un împrumut de la bancă. Pentru fiecare suntem acolo și pentru fiecare trebuie să găsim o soluție. Așa merg înainte businessurile sănătoase, așa se încheagă echipa și așa ajung oamenii să se îndrăgească și să se ajute unii pe alții, ca într-o familie!

Marta
despre

„pile"
și „spate"

ȘI DESPRE INFLUENȚĂ, AȘ ADĂUGA. AICI SE AJUNGE DE FIECARE DATĂ!

Când ești mic, la început și reușești să faci un proiect și apoi încă unul, ți se atribuie diferite aprecieri: ai avut noroc, ai pile, știi pe cineva care îți dă bani și te favorizează. Sau, cum mi s-a spus cel mai des, am pe cineva "în spate".

Mulți oameni nu credeau că am curajul să preiau singură revista și să mă descurc cu datoriile de la foștii acționari, cu duritatea pieței de media în care an după an s-a închis redacție după redacție și cu tot ceea ce înseamnă un business și o echipă care trebuie plătită lună de lună.

Poate a fost şi vina mea. Am făcut mereu cu pasiune meseria de jurnalist şi am crezut cu putere în fiecare proiect şi poate, cine ştie, nu am o altă explicaţie, cumva a părut că mi-au ieşit toate uşor. E şi asta o artă, nu? Mult mai târziu înţelegi cât de puternic este acest talent: să faci să pară uşoare cele mai complicate proiecte! Doar cine nu are habar ce presupune în realitate un business poate crede că totul iese uşor!

Aşa se face că, în primii ani de antreprenoriat, deşi aveam rezultate frumoase, ele erau atribuite altcuiva. Omului din umbră. Cuiva care ar fi avut de fapt ideile şi resursele pentru reuşitele echipei mele. M-a afectat această percepţie? O, da! Am fost frustrată o perioadă din această cauză, dar "din fericire" am fost nevoită să mă ocup de probleme reale, cu adevărat importante, care au venit unele după altele, an după an, încât am învăţat să nu mai aplec urechea la cei care nu cred în mine şi în echipa mea. Şi am văzut cât de puternic vorbesc rezultatele şi câtă încredere îţi dă fiecare succes şi problema asta a dispărut în timp.

Dar a apărut altă teorie: influenţa. "Eşti cineva", "Tu eşti Marta de la Biz! Ţie îţi este uşor să faci orice", "Eşti un om conectat. Eşti Biz şi toată lumea face ca tine!"

Îmi place mai mult varianta asta. E clar că am făcut ceva bine. Și îmi place și că a rămas acel „ușor" în continuare în părerile celorlalți. Deși sună *mafioso style*, o iau ca pe un compliment. Și o fac zâmbind!

Decalogul
antreprenorului

ÎMI PLACE ENTUZIASMUL CELOR CARE VOR SĂ DEVINĂ antreprenori și-i încurajez pe cei care au curajul să viseze. Cred că acesta este primul pas: totul începe cu un gând temerar care pare imposibil. Cu o idee care aduce un plus de valoare!

Încerc în același timp să le prezint realitatea. 90% dintre startup-uri nu rezistă. Multe nici nu ating un an de funcționare. Pentru că ceea ce mulți visează nu este real!

Nu e realist să creadă că nu vor avea program. Că vor face ce vor, că vor lua bani din companie cum vor, doar pentru că sunt șefi. Antreprenoriatul nu este acea viață de miliardar din filme. Din contră. Antreprenoriatul este o luptă permanentă în care trebuie să reziști și să găsești soluții pentru problemele care apar în fiecare zi.

Când am pornit, cu 14 ani în urmă, pe acest drum, conta doar "acum "și "care pe care". Lucrurile s-au schimbat. S-au dus anii în care antreprenorii erau haiduci, încercau o idee, reușeau un tun sau două, apoi închideau. Au trecut și anii în care banii se făceau ușor. Suntem în momentul în care piața s-a maturizat și jucăm într-un cadru reglementat. Astăzi, pentru a avea succes, un antreprenor trebuie să se concentreze pe strategie, pe viziune, pe o echipă și echipamente performante care să-l ajute să-și transforme planurile în realitate.

Iată 10 pași care sper să-i ajute pe cei interesați să înțeleagă ABC-ul antreprenorial:

1 Cristalizează și testează ideea
Definește-o clar și simplu. Vezi ce aduce nou și mai ales dacă este nevoie de ea. Nu uita să verifici în piață dacă există ceva comparativ și dacă oamenii ar fi interesați de ce vrei să oferi.

Asigură-te că ideea ta poate fi pusă în practică. Testeaz-o, așa vezi cel mai ușor ce critici și răspunsuri primești. Ele te vor ajuta s-o prezinți și s-o vinzi mai bine pe viitor!

2 Fă-ți un plan de lucru
Nu mă refer la planul de afaceri, ci la planul de lucru din fiecare zi. La planul pe care-l vezi capabil să te treacă lună de lună cu venituri suficiente care să acopere cheltuielile. Cum poți face bani și din ce servicii sau produse? Gândește-ți businessul ca un mecanism, vezi de ce ai nevoie, ia în calcul că nu-i cunoști încă hibele și ține cont că în tot ce planifici este și o mare marjă de neprevăzut.

3 **Gândește o structură eficientă pentru companie**
Da, trebuie să le faci pe toate încă de la început. Nu e ușor și nu, nu este nici corect să ți se ceară toate ție, dar crede-mă, vei ajunge să le cunoști și să le știi pe toate. De aceea e bine să începi afacerea cu pași mici. N-ai de unde să știi structura de la început, dar pune pe hârtie câteva lucruri: câți oameni e necesar să fie angajați permanent? Câți colaboratori? Care este structura businessului pe care o poți duce în primele luni? Care sunt, de fapt, costurile pe care le poți suporta? Nu uita, pentru toate ideile și lista ta, ai nevoie de un contabil și un avocat buni. Cu cât sunt mai buni, cu atât e mai bine!

4 **Stabilește obiective clare**
Învață să evaluezi lunar afacerea. Învață să fii critic. Pune targeturi. Cifre clare. O să vezi cum frica cu care te apropii de datele de salarii și taxe o să te învețe să lupți. Să găsești soluții. Frica este poate cel mai bun aliat al antreprenorului, din păcate.

Recomandare: fii atent la tot ce se întâmplă în jur. Nu neapărat oamenii cei mai deștepți reușesc în afaceri, ci cei care-și văd clar obiectivul și nu scapă oportunitățile.

5 **Alege echipa și partenerii potriviți**
De la echipă, unde contează să ai oameni care văd lucrurile ca tine și trag în aceeași direcție, până la colaboratori, clienți sau furnizori, caută să găsești oameni cu care împărtășești relativ aceleași valori. La fel este și cu banca unde deschizi cont. Nu alege campania de

promovare a băncii sau proximitatea, ci sucursala în care vei găsi oamenii cu care poți vorbi și îți pot oferi condițiile de care ai tu nevoie. Mai toate băncile au acum oferte atractive pentru startup-uri.

6 **Fii atent la concurență**
Am întâlnit mulți antreprenori care nu-și cunosc concurența sau sunt de părere că nu mai e nimeni pe segmentul lor. Este foarte periculos. Așa ajung să te închidă companii de care nici măcar n-ai auzit. Pentru că nu te-ai deranjat să le cauți. Fie că vrem sau nu, concurența ne forțează să fim mai buni. Mai rapizi și să gândim strategii și produse mai performante.

7 **Evoluează și inovează**
Știu mulți oameni frustrați că trebuie să fie permanent la curent cu ce este nou în domeniul lor. Dar trebuie. Antreprenoriatul înseamnă să citești mult, să fii atent ce fac alții, cum fac și de ce. Înseamnă să faci research, să aduci mereu ceva nou ca să te menții pe o poziție sau ca să crești. Așa ajungi să te diferențiezi, să te poziționezi și, da, să inovezi.

8 **Elimină ce nu merge**
Nimeni nu știe la început cum va fi și este nevoie de ceva timp ca să vezi ce merge și ce nu. Este greu să înțelegi că te-ai înșelat și să renunți la multe dintre ideile datorită cărora ai pornit la drum, dar trebuie! Cu cât iei decizia mai rapid, cu atât vei avea pierderi mai mici.

Elimină din business aspectele care nu performează, care nu sunt esențiale. Este valabil și pentru oameni. Deși este unul dintre cei mai grei pași să-i concediezi, să le explici că nu sunt ceea ce ai nevoie sau că nu mai puteți lucra împreună, o să înveți că trebuie să iei astfel de decizii. Cu cât le amâni mai mult, cu atât ești mai aproape să te desparți tu de ideea și de afacerea ta.

9 **Nu renunța înainte de vreme**
Poate părea ciudată această recomandare, dar este importantă. Nu la răbdarea de a sta și aștepta să vezi ce va urma mă refer, ci la răbdarea de a rezista și estima în cât timp vei reuși. E greu când depui efort după efort, zi de zi, să nu reușești să ajungi pe linia de plutire. Vei trece prin multe încercări și greutăți. De aceea ai nevoie de multă răbdare și tenacitate, de acea încredere care să te ajute să reziști. Pentru că, de multe ori, antreprenoriatul este despre a rezista. Despre a supraviețui. Nu renunța înainte de acel moment oportun când tot ce nu se putea devine posibil.

10 **Fii inteligent!**
În orice afacere, baza este pasiunea pentru ideea și afacerea ta. Pasiunea te ajută să fii la curent cu tot ce e nou, cu tot ce apare sau face concurența. Învață să te inspiri de la alți antreprenori și din alte domenii. Ține minte, cu cât ești mai pregătit, cu atât vei fi mai greu de luat prin surprindere. Indiferent cât de mult se schimbă condițiile și planurile, fii inteligent și învață din mers.

Dă-ți seama că nu este un capăt de lume dacă ai greșit, nimeni nu e perfect, chiar dacă mulți pozează în infailibili. Important este să vezi cum te echilibrezi și mergi mai departe.

În loc de concluzie

Cel mai bun antreprenor este cel care vede dincolo de „acum". Care stă permanent de pază și nu se minte singur. Este cel care intră cu capul înainte în această lume nebună, în care peste 90% dintre businessuri dau faliment. Nu o spun ca să te dezarmez. Este doar realitate. Tocmai de aceea, când pornești pe acest drum, trebuie să fii realist că poate să meargă sau nu.

Dacă iese, va fi cel mai frumos drum pe care îl vei putea alege! Dacă nu iese, simplul fapt că înveți enorm și îți dai seama cum se întâmplă lucrurile te va pregăti pentru ceea ce va urma. Doar nu deveni genul care se împacă cu eșecul. Dacă ajungi așa, înseamnă ca n-aveai nicio șansă și, mai mult, n-ai învățat nimic din această experiență.

Cum să lucrezi cu o
nebună

DE GABRIEL BÂRLIGĂ,
redactorul-șef al revistei Biz

ACEASTĂ CARTE ESTE DESPRE O NEBUNĂ. Vă jur!
Numai o nebună ar prelua o revistă cu datorii în plină
criză financiară. Ce om întreg la minte s-ar gândi să plece
prin lume cu toată redacția ca să facă interviuri și ședințe
foto pe tot globul? Ce persoană rezonabilă s-ar certa cu
un CEO pentru că nu răspunde cu cifre, date și lucruri
concrete la un interviu? Cineva cu scaun la cap nu s-ar
apuca de făcut o tabără de trei zile cu și despre social
media când nici nu se știa ce e aia un influencer.

Da, Marta este nebună, și știu asta pentru că am fost
alături de ea în acești ani de când a preluat Biz ca antre-
prenoare. Iată, deja, primul semn de nebunie: se știe că
antreprenorii nu sunt întregi la cap!

Când a venit să ne spună că preia revista şi ne-a între-
bat, ca Jerry Maguire, cine vine cu ea, primul lucru la care
m-am gândit a fost că numai un nebun ar urma-o. Dar
a început să ne spună că nu vrea ca Biz să dispară pur şi
simplu, că putem să ne croim singuri destinul, fără să mai
aşteptăm să vină cineva să ne salveze, şi că merită măcar
să încercăm.

Şi de atunci, tot încercăm. Încercăm mereu să facem
mereu lucrurile diferit, creativ şi în stilul Biz. Să mişcăm
şi să schimbăm lucrurile pe o piaţă de publishing dificilă
şi destul de rezistentă la schimbare. Când aud multe idei
pe care le avem, oamenii spun că suntem nebuni. Dovadă
că nebunia Martei este molipsitoare! Dar fără nebunia
asta nu am putea face toate proiectele care ne diferenţiază.

Multă vreme am crezut că rolul meu era să aduc nebu-
nia Martei cu picioarele pe pământ. S-o fac să înţeleagă că
trebuie să construim, încet, treptat, precaut. Dar mi-am
dat seama că asta ar fi fost, de fapt, o nebunie. Şi că sti-
lul ei de a face lucrurile era, de fapt, în ton cu vremurile
pe care le traversam şi le traversăm în continuare. Aşa că
am pus umărul la toate nebuniile pe care le discutam în
şedinţele de redacţie sau în avionul cu care ne întoarceam
de la evenimentele pe care le organizam în ţară, apoi în
avioanele cu care mergeam la evenimentele şi proiectele
editoriale internaţionale sau în team buildingurile noas-
tre legendare. Şi gaşca de nebuni de la Biz face şi astăzi
proiecte unice în piaţă tocmai din aceste motive.

Cei
șapte ani
de-acasă, la Biz

DE LELIA PETRESCU,
Marketing Manager Biz

O CARTE PENTRU OAMENI INTELIGENȚI, MO-DERNI ȘI SUBTILI. O carte care are mai puțin de a face cu canoanele, cât cu libertatea. Marta știe că publicul e mereu altul, mai mult sau mai puțin diferit, dar adaptabilitatea o definește. Mai mult, ea modelează publicul, orientându-l spre întrebările esențiale și profunde. Prezentările sale sunt o lecție perfectă pentru care trebuie să fii deja pregătit, cel puțin mental.

Pe scurt, o carte care dăruiește.

Performanță de la distanță

Ceea ce face Marta în cadrul organizației este descris foarte bine de Wilmot Reed Hastings Jr., co-founder, chairman și CEO al Netflix, în îndemnul "Foster a culture that values people over process, emphasize innovation over efficiency, have very little control".

Marta vrea să fie autentică în tot ceea ce face și îi reușește de minune. Ea scrie și conduce businessul precum dansează, pe o muzică scrisă chiar de ea. Și spiritul acesta este cel apreciat de partenerii Biz. Noi îl numim #SpiritulBiz.

Mereu am admirat modul în care Marta conduce o echipă unită de peste 20 ani și o companie cu una dintre cele mai mici fluctuații de angajați. În cartea asta sunt lecții de business, dar pentru mine sunt și lecții de viață.

Există câteva elemente pe care echipa Biz le face total diferit de alți jucători din piață.

Alegerea partenerilor

Ca orice antreprenor înnăscut, Marta are o intuiție care depășește raționamentul. Atât angajații, cât și partenerii în proiecte au fost aleși de multe ori în funcție de un feeling aparte, greu de replicat.

Marta a reușit să atragă în primul rând oameni de calitate alături de ea. Iar calitatea se raportează la etică, valori personale, dar și la educație. La un moment dat, aveam în echipa de birou câțiva absolvenți de MBA, lucru pe care îl găsești în general în top managementul companiilor mari. Iar acești oameni i-au atras și pe alții și au provocat intern un tip personal de comunicare, care s-a propagat și în exterior.

Mediul sănătos de lucru de la birou și colegii cu care puteam discuta o varietate de subiecte au contat enorm pentru mine. Acum pot spune că am și cei șapte ani de Biz.

Interviurile de angajare se desfășoară mereu prin explicarea direcțiilor de activitate, apoi potențialii colaboratori sunt întrebați unde s-ar simți ei confortabil și unde consideră că ar putea contribui mai bine. Principiul este că oriunde este nevoie de oameni buni, iar implicarea reală, cu pasiune, este mai importantă decât performanțele anterioare.

Dar cel mai mult am admirat că, atunci când intuiția îi spune ceva Martei, dar există o urmă de dubiu, implică toată echipa, dar decizia se ia foarte repede când e supusă la vot.

Remarcabil este și faptul că echipa Biz, cu un număr de angajați redus, gestionează numeroase proiecte naționale și internaționale. Cei care ne urmăresc bănuiesc că suntem o companie cu cel puțin 50 de angajați, dar i-ar surprinde să afle că suntem de fapt mai puțin de jumătate din acest număr. Iar asta spune mult despre performanța noastră, care derivă doar din pasiunea cu care lucrăm și reușim să oferim dublu.

Motivarea echipei

Poate cel mai important motiv pentru care reușim este modul în care Marta articulează viziunea de business, reușind să alinieze angajații pe o direcție încă nedefinită, dar în jurul obiectivelor. Pornind la drum cu un mindset de câştigător, putem să ne corelăm acţiunile din mers şi de multe ori orice pare imposibil pentru alţii pentru noi devine doar o mişcare strategică şi care "trebuie să ne iasă perfect".

Inovaţie

Suntem recunoscuţi în piaţă pentru proiectele pe care le facem în premieră în lume sau în ţară.

Stilul dinamic, dominat de obsesia să nu plictiseşti auditoriul şi să-l fascinezi continuu, transpare de la un capăt la altul în fiecare zi din săptămână. Pentru că altfel am fi doar o altă revistă de business, doar un alt website de ştiri sau doar un alt organizator. Concurenţa este aprigă pe toate segmentele şi asta ne ţine creativi. Aici nu există reţete. Există doar un tip de management care poate să încurajeze inovaţia. E cel care ne dă libertate.

Colectiv colaborativ

Toţi suntem implicaţi pe toate palierele. Nu avem funcţii de directori în intern. Suntem toţi "colegi". Marta ne recomandă şi în exterior ca fiind colegii ei, iar asta dă naştere unui statut egal, dar şi unei atitudini proactive. Pe lângă sarcinile de birou, apare natural şi sarcina de a face businessul să se dezvolte.

Adaptabilitate

Acest element l-am lăsat la urmă, deşi îl consider cheia succesului. Indiferent ce s-a întâmplat, în piaţă, în economie sau în societate, de-a lungul timpului au existat și multe piedici. Dar niciuna nu a reușit să ne oprească. Echipa se poate demotiva ușor. La fiecare zvon am putea cădea ca pionii de pe tabla de șah, la prima mișcare. Dar aici liderul face diferența. Optimismul Martei este factorul nostru motivator. Faptul că este autentică și nu disimulează un succes permanent îi permite să dialogheze cu comunitatea Biz, a oamenilor de business și a profesioniștilor din diverse industrii. Iar atunci când spui sincer ce obstacole întâmpini, soluțiile nu întârzie să apară. La fiecare provocare de acest gen am avut maximum de 24 ore, timp în care ea s-a zbătut, a întrebat, s-a gândit și a venit ori cu o soluție la problema întâmpinată, ori cu un nou proiect care să ne facă să redevenim entuziaști.

Ritmul alert în care ne lucrăm, dar și reușitele fiecărui proiect ne fac să uităm că a fost cândva o pandemie care anunța închiderea activității prin lipsa evenimentelor offline. În final, a fost doar o schimbare, în care am arătat că performanța se poate face și de la distanță.

Lideri despre leadership feminin în România

Liviu David,
internationally awarded
creative director

DESPRE SMARTA NU-PREA-UȘURELU

Eu pe Marta o știu din preistorie. La propriu. Prin 2001 am avut împreună o discuție captivantă despre relicve și fosile, pentru un articol creat de ea în Biz cu pasiunile directorilor de creație. Cretacic, Devonian și primul război mondial – iată subiecte extrem de potrivite pentru o revistă de business. Trebuia să-mi dau seama de atunci că întâlnirile cu Marta dau mereu naștere la lucruri surprinzătoare.

Ne-am revăzut la puțin timp după ce m-am întors din Australia. M-a întrebat dacă vreau s-o ajut cu promovarea aniversării a 10 ani de Zilele Biz. Am zis un "mda" hotărât. Următoarea mișcare – m-am trezit cu toată redacția Biz la agenție! Zece oameni aliniați în sala de conferințe, povestind cu aprindere ce-au produs la întreprindere. Căci așa face Marta lucrurile – până la capăt. Mai dă înapoi acum, Liviule, dacă poți.

Nu aveam oricum de gând să renunț. Oamenii pasionați merită campanii bune. Așa că m-am întors în creație să-i infectez și pe colegi cu molipsitoarea pasiune marteză. A ieșit, printre altele, unul dintre ad-urile mele favorite: "Scriem despre business de când la IKEA era livadă". Aprobat, publicat și remarcat.

Anul următor, vine Semida cu o idee pe care i-o prezint Martei. După îndelungate evaluări de circa două secunde, zice da. Așa e ea, îi ia mult să se decidă. Și uite cum filmăm cu Hypno spotul care avea să rămână cel mai reușit din toată seria: "Nu sunteți în target". Shortlist la Golden Drum, dacă mai contează, pe lângă reacțiile entuziaste ale industriei.

Anul următor, telefonul tradițional de la Marta. Dau brief în creație. Paula vine cu o idee care ia de păr toate clișeele și cutumele departamentelor de marketing și comunicare. Pun toată creația să lucreze, campania înflorește într-un spot răcoritor și zece execuții print de excepție. I-o trimit Martei și primesc răspunsul așteptat. Fără să clipească, ea spunea mereu "da" unor idei care puteau să ofenseze o armată de ego-uri. Ego-uri din cele plătitoare de sponsorizări. N-a contat, s-a făcut și asta. Cunoscătorii au râs amar, iar campania a fost una dintre cele mai apreciate la festivalul ADOR în acel an.

Anul următor, un nou telefon. "La Zilele Biz vin cei mai buni", spune vocea binecunoscută. "Oh, Doamne, cu lauda nu iese nimic creativ", mă plâng eu. După care îmi amintesc de acel scenariu refuzat deja de vreo trei clienți, în care mediocritatea era prezentată ironic ca un real succes. Îl aprobă chiar acolo, la telefon. Deja sub steagul Zilelor Biz se nășteau insighturi care nu puteau vedea lumina în altă parte. Prin colaborarea noastră se exorcizau toate frustrările noastre de creativi, în văzul întregii industrii de comunicare.

Marta are ceva care te face să sari mai sus, să vrei mai bine, să te străduiești mai mult. Fără să te preseze (prea tare), reușește să obțină asta. Poate e puterea exemplului. Poate la mine funcționează sentimentul că muncesc pentru cineva care chiar apreciază ce fac, nu știu. Cert este că toată această colaborare a dus de mult la o bună prietenie.

Dar gata cu laudele. Pentru că, nu-i așa, dacă o urmărești prin online, pare că Martei i-a fost și îi este Ușurelu. Petreceri glamouroase, vacanțe superbe, întâlniri cu oameni care împing planeta înainte... Și toate astea, într-o lume în care antreprenorii sunt încurajați și ajutați, o lume în care femeile sunt apreciate corect, o lume în care dacă muncești, automat și reușești. Cât de ironic e numele Ușurelu, de fapt, în lumea reală.

Eu nu am simțit multă vreme că aș fi trăit pe o planetă a bărbaților. Asta pentru că reușesc să fiu destul de autist social, și pentru că cea care m-a angajat și prima mea șefă a fost femeie, patroana companiei era femeie, apoi ditamai agenția de publicitate a fost condusă de patru femei. Brandurile de top cu care lucram erau conduse de femei, care aveau alte multe femei în echipă. Femeile cu care am lucrat m-au ajutat enorm în viață, fragilitatea mea interioară era mai apropiată de felul lor catifelat de a acționa. Lumea din imediata mea vecinătate părea corectă, nicio secundă nu m-am gândit că poate fi altfel. Darămite să discriminez pe cineva pe criterii de sex. Când am început să ascult mai mult și să privesc mai departe, am aflat că trăiam într-o mică excepție. Cu ochii în sfârșit deschiși am ascultat siderat poveștile femeilor din jur despre lumea construită de bărbați pentru bărbați. O lume grotescă, hidoasă, în care multe fețe de oameni sunt de fapt măștile unor monștri. O lume în care se confundă atractivitatea cu invitația, sensibilitatea cu slăbiciunea și singurătatea cu disponibilitatea. Mult mai târziu, spre sfârșitul vieții ei, am auzit poveștile de groază ale mamei mele din chinuita ei viață de femeie singură într-un oraș de provincie. Apoi toate celelalte povești de groază ale altor femei blocate profesional pentru singura vină de a nu-și valorifica singurătatea înspre evoluția în carieră. Într-o astfel de lume, pe lângă obstacolele inevitabile de business, de țară și de context economic, o femeie-antreprenor e nevoită să lupte și cu cele nedrepte, ale inechității și subiectivismului. Cu atât mai mult merită aplauze atunci când reușește.

Să fiu sincer, mi-ar plăcea enorm ca cel puțin jumătate dintre conducătorii lumii noastre, de la primari până la șefi de state, să fie femei. De genul celor care demontează barierele să le folosească la salturi cu prăjina. Așa, ca Marta.

Sau, mai bine zis, Smarta.

FADY CHREIH,
CEO, Regina Maria

CRED CĂ UN ADEVĂRAT LIDER TREBUIE SĂ FIE AUTENTIC, uman, însemnând că trebuie să învețe să integreze și propriile vulnerabilități în modelul lui de conducere. Clasicele rețete ale succesului în business se schimbă odată cu lumea și soluțiile de astăzi pun în centru adaptabilitatea, colaborarea, empatia, dezvoltarea personală. Experiența mea de lucru mi-a arătat că femeile lider au înnăscute câteva calități-cheie din registrul de mai sus, pe care intuitiv le integrează în viziunile lor de business. Cu toate acestea, vocile lor încă nu sunt puternice într-o lume dominată de lideri masculini și trebuie continuate inițiativele de a le scoate în evidență. Deși România stă mult mai bine la acest capitol decât multe țări mai avansate economic și social, eforturile de a oferi șanse egale femeilor trebuie să continue. Discuția despre nevoia unui nou model de leadership nu e doar un trend. Lumea se schimbă, înțelege cum să fie mai atentă la propriile nevoi, iar așteptările se schimbă considerabil de la o generație la alta. În plus, după doi ani de pandemie și izolare socială, vorbim despre valuri de demisii, despre quiet quitting, despre burnout ca fenomene generalizate la nivel global. Aceste lucruri le vedem acum pentru că pandemia în sine nu a adus doar provocări în business, ci și provocări la nivel personal pentru oamenii din echipe – vorbim despre perioade îndelungate de nesiguranță, de anxietate, de modificarea programului de lucru, de adaptarea la lucrul de acasă, de pierderi la nivel personal și altele. Dacă ne uităm în jur, vedem că antreprenorii și liderii care au ieșit mai puternici din această perioadă sunt cei care înțelegând nevoile profund umane și-au menținut echipele unite și au reușit să se adapteze la schimbare.

Femeile lider pe care le-am întâlnit

Cunosc multe femei din business care au devenit repere și de la care eu personal am avut de învățat. De cele mai multe ori, antreprenoriatul este pornit dintr-o pasiune sau dintr-o vocație, implicarea este totală și beneficiul pe care femeile îl aduc societății este unul valoros. Apreciez mereu cum dincolo de grija pentru îndeplinirea unor obiective financiare, viziunea lor este una globală și centrată pe valori puternice. Aici pot intra cu ușurință și liderii feminini din politică, de exemplu, care mențin echilibrul și stabilitatea și știu să dea speranță. Desigur, există industrii care, prin tradiție sau prin interesele pe care le generează, încă sunt dominate de bărbați. Dar tocmai aici e cel mai evidentă puterea transformațională pe care o poate aduce o femeie lider. Feminitatea pare că vine la pachet cu o doză mare de empatie, tenacitate, curaj pentru luarea unor decizii dificile, cu o busolă fină pentru mediul intern și extern și cu preocupare pentru comunicare și pentru o dezvoltare continuă. Femeile au un tip special de putere, au o rezistență și o putere de adaptare foarte mari. Tind să asculte mai bine, să caute să înțeleagă în profunzime și atunci au insight-uri foarte reale și vin cu soluții integrative.

Valorile feminine la Regina Maria

Sunt norocos să fiu înconjurat de multe modele feminine. Formarea mea a fost de altfel marcată de prezența unei mame și a unei bunici cu valori puternice, de la care am învățat multe, de la prețuirea muncii la urmarea intuiției și păstrarea unei viziuni conectate la oameni și la realitate. De la mama mea am această aplecare pentru educație și învățare continuă pe care încerc să o duc mai departe prin tot ce fac. Faptul că echipa noastră de management este reprezentată în proporție de 80% de femei face cu siguranță domeniul medical mult mai uman și mai apropiat de nevoile pacienților. Și o provocare pentru mine, în același timp. Sunt femei ambițioase, pasionate de ce fac, care cer multe de la ele și de la mine și țin la performanță, și reușesc să imprime această viziune de grijă pentru oameni prin empatia lor. În plus, lucrând la Regina Maria, ne întoarcem constant la valorile Reginei, unul dintre cele mai importante modele feminine, care în urmă cu o sută de ani a inspirat o țară și chiar o lume întreagă. Mă refer aici la avangardismul ei, gândirea vizionară, forța și dăruirea și grija pentru oameni.

O privire spre viitor

În general, un lider feminin are mai multe provocări și mai multe de dovedit, și asta pentru că societatea în care trăim și-a lăsat amprenta în termeni de acces la educație și drepturi egale cu bărbații. Femeile din jurul meu vorbesc despre cât de puțin le-a fost încurajat spiritul antreprenorial și despre cum au simțit că educația primită – acasă și la școală – a pus mai degrabă accentul pe "a sta în banca ta" decât pe a explora liber. Pe măsură ce discutăm mai mult despre egalitatea de șanse și încurajăm exprimarea de opinii încă de la vârste fragede, avem șanse să vedem din ce în ce mai mulți lideri feminini. Aș încerca și un fel de pariu pentru viitor. Mă uit la generația care vine din urmă și care intră deja pe piața muncii. Social media a adus în agenda publică multe discuții dificile, pe care tot mai multe persoane sunt dispuse să le poarte. Vedem tinere scriitoare, antreprenoare, creatoare de conținut, profesioniste din diferite domenii care reușesc deja să aibă un impact în comunitățile din jurul lor. Sunt convins că vom avea din ce în ce mai multe ocazii de a recunoaște importanța femeilor lideri.

Marta Ușurelu

Pe Marta o cunosc de mult și am fost martor la felul în care a reinventat brandul Biz. A reușit să găsească o formulă de succes în publishing într-o perioadă dificilă - știm cu toții că puține publicații au supraviețuit cutremurelor din ultimii ani. Marta este antreprenorul care a transformat Biz într-o voce importantă, a întărit direcțiile de business din jurul brandului și a fost mereu conectată cu trendurile din piață. Știe să vorbească despre aici și acum. Este un connector pentru întreg mediul antreprenorial și vine mereu cu idei îndrăznețe și potrivite. Este un nume de care cred că nu ai cum să nu fi auzit, un exemplu perfect de antreprenor self-made și una dintre poveștile de succes importante din România.

IULIAN STANCIU,
președinte executiv, eMAG

CRED CĂ PANDEMIA ȘI URMĂRILE EI favorizează femeile datorită stilului lor de leadership, mai empatic, colaborativ și bazat pe mai multă comunicare și participare. Iar empatia probabil va fi unul din elementele cheie ale leadershipului secolului XXI. Astfel, oportunitățile sunt foarte mari, în toate domeniile, nu văd vreo limitare. În domeniul nostru, în IT, ponderea femeilor în total este în România pe primul loc în UE, la aproape 30% și în creștere de la an la an. Deci sky is the limit!

Din punctul meu de vedere, interacțiunea cu Marta a fost foarte bună, sper că și de la ea se vede la fel :) Discuțiile pe care le-am avut în fața publicului m-au inspirat, întrebările foarte bune și bine documentate m-au ajutat să dau răspunsuri care, din ce am înțeles după, au fost apreciate de public. Faptul că a promovat constant inovația și creativitatea cred că a ajutat la dezvoltarea multor companii din România și a ajutat la producerea de valoare adăugată. Felicitări, Biz!

RADU ATANASIU,
associate dean for
academic affairs,
Bucharest International
School of Management

AVEM NOROC CĂ ÎN ROMÂNIA FEMEILE AJUNG mult mai des în poziții de leadership decât în țările din vest. Și că ni se pare normal să vedem femei CEO. Este un lucru puțin știut și în același timp un lucru care mă face să mă simt mândru de țara asta. Și cred că atitudinea asta ne face o nație mai înțeleaptă. De ce? Pentru că femeile sunt pur și simplu lideri mai buni. Știu că este o afirmație curajoasă, dar o pot susține cu argumente personale și, ca să nu fiu acuzat de subiectivism și să pun la bătaie gândirea critică, cu o serie de argumente generale.

Să încep cu experiența personală. Am lucrat și lucrez în (și cu) organizații conduse de femei. Organizații antreprenoriale sau nu, comerciale sau nu. Tipul de organizație nu contează pentru că ceea ce am observat ca element comun este dedicarea totală cu care aceste femei își fac treaba. Nu pare că ceea ce fac e doar un job, pare că este toată viața lor. Și asta le face pe toate aceste doamne să pară (în ochii mei, cel puțin) niște amazoane. Sau niște supereroine. Care știu să îmbine, nu știu cum, cumpătarea cu riscul, grija pentru celălalt și calmul din voce cu un stil de leadership pragmatic și dinamic, feminitatea și aparenta fragilitate cu capacitatea de a trece prin zid. Cu zâmbetul pe buze și machiajul neatins.

Există, și în România, și în vest, o diferență între cum sunt plătite femeile și cum sunt plătiți bărbații. Diferența este mai mică la noi și, iarăși, asta mă bucură. Cineva cu o vedere libertariană a pieței muncii ar putea argumenta că trebuie să existe niște motive fundamentale care să explice această diferență, altfel companiile, concentrate pe eficiență, ar angaja doar femei. De fapt, diferența de plată are explicații culturale și cred că suntem pe cale să o vedem scăzând sau dispărând în anii ce vin. Dacă, în schimb, același libertarian m-ar întreba „Și atunci, dacă crezi că o femeie CEO e mai bună decât un bărbat și își face treaba pe un pachet salarial mai mic, de ce n-ar angaja toate boardurile femei în fruntea organizației?", aş răspunde simplu: „De fraieri".

După subiectivism şi perspectivă personală încerc să argumentez că femeile sunt lideri mai buni cu argumente generale, argumente ce țin de două atribute cruciale pe care trebuie să le aibă, astăzi, orice CEO: arta de a menține relații interumane şi creativitatea. Iar la aceste două capitole femeile câştigă detaşat orice competiție cu bărbații.

Să conduci o firmă este astăzi din ce în ce mai puțin despre cifre şi procese. Este din ce în ce mai mult despre oameni. De aceea, eu cred că o femeie este, astăzi, mai potrivită într-o poziție de conducere. Femeile ştiu să creeze şi să mențină legături mai puternice şi mai semnificative cu oamenii din jur pentru că au un grad mai mare de empatie: se pun mai uşor în pantofii celuilalt - coleg, client, investitor - şi înțeleg ce îl mişcă. De asemenea, eu cred că o femeie nu îşi vede organizația pe care o conduce ca pe un sistem de rotițe într-un angrenaj, ci ca pe o comunitate de oameni, fiecare diferit de celălalt, dar care trebuie să clădească ceva împreună. Şi pentru asta, un lider trebuie să alcătuiască şi apoi să țină comunitatea strânsă, să rezolve cald, dar rapid şi drept orice fricțiune şi să dea direcție şi sens călătoriei. Iar femeile ştiu mult mai bine să creeze, în jurul lor, comunități.

Să conduci o firmă este astăzi din ce în ce mai puțin despre bugete planificate în avans şi despre a repeta succesul de ieri. Este din ce în ce mai mult despre a te reinventa în fiecare zi. De aceea, eu cred că o femeie este, astăzi, mai potrivită într-o poziție de conducere. Femeile știu mai bine să-și cultive și să-și asculte intuiția și să transforme o furtună într-o ocazie de a crea ceva nou. Să înțeleagă mai repede semnele de schimbare, să gândească lateral și să se adapteze sau, dacă e mai simplu, să schimbe realitatea din jur. (Păi n-am zis că sunt supereroine?)

Marta de la Biz este exemplul perfect pentru tot ce am argumentat mai sus. Marta a știut să-și asculte intuiția și să navigheze cu succes prin furtuni, de la preluarea Biz până la lockdown, folosind fiecare ocazie ca să creeze ceva nou și să crească. Marta își simte foarte bine publicul și colaboratorii (știu asta la prima mână) și a creat în jurul Biz o comunitate strânsă care seamănă tot mai mult cu o familie (tot așa, depun mărturie directă).

Mulțumim, Marta!

MIHAI GONGU,
executive creative
director SEE, Cheil
Worldwide, member
of the Cheil Global
Creative Council

CRED ÎN ROMÂNCELE CARE SCRIU ISTORIE.
Și când spun asta nu mă gândesc doar la Regina Maria,
Ana Aslan, Sofia Ionescu-Ogrezeanu sau Sarmiza
Bilcescu-Alimănişteanu. Ci la româncele de pe Linkedin.
La româncele care fac istorie acum şi de acum înainte,
conducând, în premieră, departamente de marketing, de
creaţie şi agenţii de publicitate care au semnat campanii
legendare în Londra, Amsterdam, Berlin sau Chicago. La
româncele care sunt partenere în agenţii independente de
la noi. Pentru că ştiu că au ajuns acolo muncind mai pu-
ternic, mai smart şi mai empatic decât orice bărbat, inspi-
rând, astfel, o întreagă industrie de comunicare. Aşa cum
o face şi Marta de peste 20 de ani.

Cu Marta am făcut întotdeauna work de portofoliu
şi sunt recunoscător pentru asta. De la Biz Exchange

la campaniile pentru Zilele Biz și copertele de colecție. Pentru că Marta a înțeles din primul moment ceea ce mulți profesioniști din comunicare nu înțeleg niciodată: dacă emoție nu e, atenție nu e. Iar dacă atenție nu e, nimic nu e. Mai ales pentru oamenii ocupați, așa cum sunt cei de business.

ÖMER TETIK,
CEO, Banca Transilvania

LEADERSHIP ȘI ANTREPRENORIAT LA FEMININ

Cred că leadershipul nu are gen. Ține de persoană în sine – și mai puțin de ideea că o companie sau o echipă este coordonată de un bărbat sau de o femeie. Mult mai importantă este complementaritatea cu echipa din care face parte.

Dincolo de stereotipuri de care încă mai auzim, pentru mine competența este singurul factor care recomandă pe cineva ca lider, ca antreprenor. Practic, aceasta se oglindește în eficiența unui business, în capacitatea de a construi o echipă, în bunăstarea unei companii – iar aici mă refer la profit, reputație, la fericirea angajaților și a clienților.

Într-adevăr, femeile sunt mai empatice decât bărbații, comunică mai bine, se organizează mai bine, sunt mai flexibile, aduc perspective noi și pot avea valori diferite. Din ce am văzut, ele încurajează mai ales cultura organizațională inclusivă și colaborarea. Le admir pe cele care reușesc să îmbine cariera profesională cu viața de familie, chiar dacă nu tot timpul este posibil acel work – life balance pe care toată lumea și-l dorește.

Totul e ca femeile lider și cele antreprenor să aibă acel growth mindset, să cultive permanent partea de networking și să își păstreze feminitatea, identitatea și încrederea.

Marta ne arată de fiecare dată cum cu energie, pragmatism și pasiune se poate construi în jurul unui brand-revistă. Evenimente, proiecte speciale, editoriale, networking - toate au contribuit până acum la construirea unei comunități de business, a oamenilor de marketing și de PR din care nu se poate să lipsești. Marta este pentru noi un model de antreprenoriat în comunicare, la care ne uităm cu admirație, din toate punctele de vedere.

CABRAL IBACKA,
personalitate media şi
realizator TV

ANTREPRENORIAT ÎN ROMÂNIA? DA, SUNT NEBUNI care se apucă şi de aşa ceva. De ce? Motivele sunt variate.

Ca un mare antreprenor în viaţă, spun sincer – de la înălţimea celor trei falimente prin care am trecut cu mare succes – că trebuie să ai buba la cap ca să te arunci în aşa ceva.

Ca să susţin afirmaţia de mai devreme nu mă apuc să povestesc eşecurile mele ori să enumăr toate greutăţile care stau în calea unui antreprenor în România sau oriunde în lume... ci iau exemplul Martei.

Exemplu care vorbeşte mult despre greutăţi, despre piedici, despre imposibil, despre „nu se poate", despre „mai bine ne oprim", despre „cam asta a fost".

Dar mai presus de toate, vorbeşte despre „cum să facem să meargă?".

Pentru că Marta asta a reușit de fiecare dată... A înțeles că nu mai merge, dar nu a frânat... S-a întrebat: „Dar oare cum ar merge?", a găsit variantele, le-a pus în aplicare și a mers mai departe.

De fiecare dată.

Am văzut-o făcând și greșeli.

Am urmărit-o luând decizii riscante, aruncându-se în gol sau mergând pe o intuiție doar de ea știută.

Și de fiecare dată a reinventat concepte pe care toți le credeam prăbușite, prăfuite, prăpădite.

Și a reușit. Și probabil va reuși în continuare. Așa e ea...

Biz World,
seria internațională,
unică în lume

CUM AR ARĂTA REVISTA BIZ DACĂ REDACȚIA AR FI la New York, la Londra, Tokyo sau Singapore? Nu doar ne-am întrebat acest lucru, ci am trecut la fapte: am realizat ediții speciale ale revistei, în întregime, dintr-un hub global important. Am realizat deja 12 ediții de Biz World, în care am mutat redacția Biz pentru o săptămână într-o altă țară a lumii, ca să luăm pulsul afacerilor și să vorbim la fața locului cu oamenii care contează despre business, branduri, societate, cultură.

Biz World este un proiect realizat în premieră mondială. Nicio altă publicație nu și-a mai mutat întreaga redacție peste granițe. La fiecare ediție reușim să ne întâlnim pentru interviuri cu CEO și lideri din cele mai mari companii din țara respectivă, dar și cu înalți reprezentanți ai autorităților naționale, care ne oferă informații prețioase despre felul în care pot fi abordate provocările lumii interconectate în care trăim.

2011 - Biz Bruxelles

Prima ediție a Biz World a fost realizată la Bruxelles, inima Uniunii Europene, locul care influențează direct deciziile politice și de business din România. De la interviuri cu europarlamentari la cele cu antreprenori români, de la afacerile cu diamante la cele cu ciocolată, de la muzeul de benzi desenate la fabricile de bere, am testat la fața locului businessul, politica și lifestyle-ul din capitala Europei.

2012 - Biz Londra

Capitala Regatului Unit se pregătea să găzduiască Jocurile Olimpice, iar echipa Biz a deschis în capitala financiară a Europei pentru a afla tendințele care aveau să modeleze economia mondială în 2012. Numărul special l-a avut pe copertă pe Sir George Iacobescu, românul care a construit Canary Wharf și care tocmai primise titlul de cavaler din partea reginei Elisabeta a II-a pentru implicarea în acțiuni caritabile pentru comunitate și pentru serviciile aduse lumii financiare.

2013 - Biz New York & Silicon Valley

Un tur de forță care a acoperit ambele coaste americane într-o singură săptămână, ediția americană a Biz a adus întâlniri la New York cu specialiști de la Morgan Stanley, Goldman Sachs, Wells Fargo, JPMorgan, Bank of New York Mellon sau American Express și New York Stock Exchange, dar și vizite la sediile Intel, Twitter, Microsoft, Facebook din Silicon Valley. Plus un interviu exclusiv cu Michael Horodniceanu, românul care a modernizat și extins metroul din New York.

2014 - Biz Germania

Cea mai puternică economie europeană ne-a găzduit
pentru o nouă ediție a Biz World care a acoperit patru
dintre cele mai puternice poluri de business germane –
Berlin, Hamburg, Bonn și Frankfurt. De la jucători glo-
bali precum Deutsche Bank sau Porsche la startup-uri
precum SoundCloud, care atunci începuseră să facă va-
luri la nivel internațional, am descoperit o economie di-
namică, dar și o cultură aparte, care fac din Germania o
putere mondială.

2015 - Biz Singapore

Singapore este orașul viitorului, locul unde tehnologia, inovația și designul te însoțesc la orice pas. Este țara care și-a propus să ajungă, așa cum o spune sloganul oficial, „Cel mai bun loc în care să lucrezi, să trăiești și să te distrezi!". Am descoperit cum o strategie clară și atent implementată a făcut din Singapore un hub global al inovației, designului și creativității. Coperta acestei ediții, realizată de echipa Brandient, a adus și primul Red Dot Design Award din istorie pentru România.

Fericiții câștigători ai prestigiosului Red Dot Award pentru coperta Biz Singapore, la Gala Red Dot Award de la Berlin, în 2015. Mulțumesc și felicitări, Aneta Bogdan, Cristian Kit Paul și echipa Brandient, pentru bucuria și mândria de a fi, pentru prima dată în istoria acestei competiții, primii români câștigători!

Despre Red Dot Design Award

COPERTA BIZ SINGAPORE, REALIZATĂ DE BRANDIENT, a adus României primul Red Dot Design Award din istorie! Premiul a fost acordat pentru designul original de literă (typography) apărut pe coperta revistei Biz dedicate mediului de afaceri din Singapore. Un juriu internațional format din specialiști în design din 13 țări a selectat cele mai bune lucrări dintre cele 7.451 de cazuri înscrise din 53 de țări, iar coperta Biz a ieșit învingătoare. Red Dot este una dintre cele mai mari și mai prestigioase competiții internaționale de design.

2016 - Biz Austria

Cum unele dintre cele mai mari companii din România fac parte din businessuri austriece, vizita Biz la Viena era absolut necesară, pentru a analiza evoluția economică a regiunii și a lumii. Sectorul bancar din România a beneficiat de investiții austriece importante (Erste-BCR și Raiffeisen), la fel și cel energetic (OMV Petrom), multe branduri din Austria au cucerit lumea, iar noi am descoperit cum trei dintre ele – Red Bull, Swarovski și Julius Meinl – au reușit acest lucru. Coperta a fost realizată de artistul plastic Mihai Zgondoiu.

2017 - Biz Franța

Cultură, gastronomie, dar și o economie puternică am descoperit în ediția franceză a Biz World. Am fost primiți de branduri cu tradiție care continuă să facă istorie, de lideri de business care conduc destinele celor mai importante companii franțuzești, dar și de români care au reușit să-și construiască frumoase cariere de succes. Am aflat povești fascinante și am descoperit ce înseamnă afacerile à la française. Coperta a fost realizată de Mihai Gongu, executive creative director SEE la Cheil Worldwide.

2018 - Biz Japonia

Este a treia economie a lumii, dar şi ţara cu cele mai multe restaurante cu stele Michelin din lume! În Japonia, tradiţia seculară se împleteşte fascinant cu tehnologia ultramodernă, iar viteza cu care se întâmplă lucrurile este egalată doar de atenţia la detalii pe care o au japonezii în toate domeniile. Coperta a fost realizată de artistul Dragoş Roman, aka Dl Schiţescu.

2019 - Biz Israel

Deşi este o ţară mică cu o economie tânără şi o populaţie diversă, Israelul şi-a câştigat pe merit renumele de „Startup Nation", nu numai pentru că încurajează iniţiativele antreprenoriale, ci pentru că funcţionează chiar ca un startup, care îşi asumă riscuri, este flexibil şi conştient că inovaţia şi creativitatea dau roade. Am adunat poveşti fascinante dintr-o ţară care a pus inovaţia şi mentalitatea de startup la baza dezvoltării sale. Coperta a fost realizată de artistul plastic Toader Ovidiu.

2019 - Biz Coreea

Am petrecut o săptămână în Coreea și am descoperit povestea ascensiunii economice a acestei țări. Deși pentru
români pare o utopie, rețeta succesului este pe cât de uimitoare, pe atât de simplă. Fiind săraci în resurse, au pariat pe
inovație și pe tehnologie și au investit în cercetare și dezvoltare. Așa a ajuns Coreea cel mai important producător de
semiconductori și de ecrane de tip LCD și unul dintre cei
mai puternici producători de telefoane mobile, mașini sau
nave maritime. Coperta a fost realizată de Mihai Gongu,
executive creative director SEE la Cheil Worldwide.

2020 - Biz Olanda

O țară mică, dar cu victorii uriașe, așa poate fi descrisă cel mai simplu Olanda, țara care exportă cu succes startup-uri globale precum Booking.com sau TakeAway și a produs deja 12 companii-unicorn, companii care au depășit pragul de 1 miliard de euro ca evaluare. Care este secretul succesului din țara care a reușit să crească sub nivelul mării? Mentalitatea, tenacitatea, munca și mindsetul internațional. Coperta a fost realizată de artistul plastic Mihai Zgondoiu.

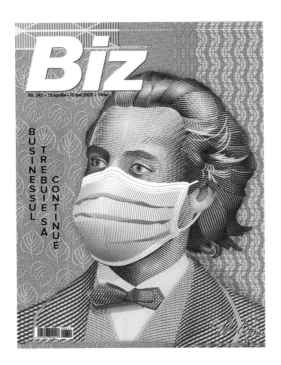

Biz România: Pentru că businessul trebuie să continue

După ce jurnaliştii de la Biz au străbătut lumea în căutarea ideilor şi strategiilor care reinventează regulile de business la nivel global, prin proiectul Biz World, în 2020, când regulile au fost schimbate radical de pandemia de COVID-19, am decis să scriem despre România. Lucrând de acasă, am realizat cel mai complet ghid de business pentru a naviga prin pandemie. Pentru că businessul trebuie să continue. Copertă realizată de Cheil Centrade.

2021 – Biz în 5 țări Maresi

Cinci țări, cinci CEO, cinci strategii adaptate local, dar unificate de un business născut în Austria care cucerește tot mai multe piețe din lume. În plină pandemie, echipa Biz a descoperit într-o ediție specială povestea companiei Maresi, care ne-a purtat virtual în cele cinci țări. Am făcut interviuri și am întâlnit online oamenii care construiesc parteneriate bazate pe încredere și cresc cu pasiune cele peste 30 de branduri din portofoliul Maresi.

2022 - Biz Italia

O ediție în care am parcurs peste 800 de kilometri și am surprins în zecile de interviuri și întâlniri avute nu doar planurile marilor companii pentru următorii ani, ci și arta de a trăi și de a se bucura de viață a italienilor. Pasiunea pentru o viață frumoasă este cea care îi caracterizează, în ciuda tuturor provocărilor pandemiei, și ne-am bucurat să trăim și noi la bella vita alături de ei. Coperta a fost realizată de Mihai Gongu, executive creative director SEE la Cheil Worldwide.

Proiecte **speciale**

**LA COPERTĂ
AU PARTICIPAT:**

Corina Bârlădeanu
Marius Ghenea
Corina Vinţan
Monica Maurer
Cristina Nicolescu
Lorand Papp
Andrei Gheorghe
Gabriela Munteanu

Biz la piscină 2001

În 2001, imaginea omului de afaceri în România era una extrem de sobră, iar scoaterea lui din birou pentru o şedinţă foto inedită la piscină părea o misiune imposibilă. Nu şi pentru echipa de şoc Biz, care a convins nu unul, ci opt manageri să plonjeze îmbrăcaţi în piscină. Deşi au venit la piscină, a durat ceva timp până ce i-am convins să intre şi în apă. Unii au crezut iniţial că glumim – doar îi invitasem la o şedinţă foto LA piscină, nu ÎN piscină. Relaxarea care a venit însă treptat se vede în imaginile de atunci. Coperta a fost realizată de fotograful Biz Anis Hammoud.

LA COPERTĂ AU PARTICIPAT:

Corina Bârlădeanu; Radu Moldovan-Petruț; Corina Vințan; Marius Ghenea; Alina Fugaciu; Nicolai Tand

Biz la piscină 2016

Cine spune că e greu să reușești de două ori ceea ce a fost aproape imposibil prima dată? După 15 ani, am relansat provocarea piscinei, iar trei dintre participanții primei ediții s-au întors în apă, alături de alți trei curajoși, aflați la prima "baie" marca Biz. Coperta a fost realizată de fotograful Biz Vali Mirea.

Cei mai importanți oameni din online-ul românesc 2010

NICKNAME: „DEZBRĂCAȚII"

Când Călin Clej, directorul de marketing al Pepsi, a venit la Biz, în 2010, cu propunerea de a declina creativ o campanie globală

a brandului care prezenta jucători de top pictați pe corp și pe față în culori ce aminteau de războinicii africani, echipa Biz a răspuns ducând provocarea către cei mai importanți oameni din online-ul românesc la acea vreme. I-am dezbrăcat de secrete și i-am pictat individual – la fiecare dintre ei, machiajul special a durat o oră. Marius Ghenea, Călin Biriș, George Lemnaru, Cristian Manafu, Bobby Voicu și Radu Ionescu au intrat în jocul nostru și și-au descoperit pe loc strigătul de războinic cerut de conceptul vizual. Când a apărut revista cu ei pe copertă, mulți au crezut că am folosit efecte în Photoshop, nu că i-am pictat efectiv pe oamenii care dominau internetul românesc.

Participanți:
Sergiu Biriș (trilulilu); Marius Ghenea (FIT Distribution); Bobby Voicu (RevvNation.com); George Lemnaru (eRepublik); Radu Ionescu (Kinecto); Cristian Manafu (Prodigy)

Campania SUNT UN ŢĂRAN

Biz şi DDB România au derulat în 2016 campania „Sunt un ţăran", un demers pentru reabilitarea şi conştientizarea valorilor primordiale cu care este asociat ţăranul român. Ne-am dorit ca românii să redescopere ce înseamnă, de fapt, să fii ţăran şi să ne aducem aminte de valorile cu care e asociat acest termen: cinste, respect, modestie. La campanie au participat numeroşi oameni de business şi pesonalităţi ale societăţii civile.

Campania SUSŢINEM INOVAŢIA

Ideea a pornit de la premiera reuşită de echipa MB Telecom, coordonată de Mircea Tudor, care a obţinut Marele Premiu la Salonul de Invenţii de la Geneva pentru a doua oară. Campania „Susţinem inovaţia" a fost o platformă de promovare a românilor ale căror invenţii pot schimba lumea în care trăim. La campanie au participat peste 100 de

CEO, directori de marketing, influenceri şi pesonalităţi. Campania a fost realizată Biz şi DDB România.

Gala VALORI DE ROMÂNIA

România are şi a avut mereu valori, oameni şi branduri care au reuşit să se impună la nivel internaţional. Despre aceşti oameni ar trebui să audă mai des românii. Despre realizările şi poveştile lor, despre valoarea pe care o construiesc şi o impun anual în lume cu aceeaşi semnătură: România. Tocmai de aceea Biz a pornit un demers unic: Valori de România. Acesta prezintă şi premiază personalităţi româneşti, branduri şi organizaţii care s-au impus ca repere ale excelenţei pe plan naţional şi internaţional în business, cultură, sport, sustenabilitate şi societate. În fiecare an cele mai performante personalităţi sunt premiate la gală, iar trofeul este o adevărată operă de artă, realizată de artistul Ovidiu Toader.

ZILELE BIZ, festivalul maraton de business al României

Este un maraton care a făcut istorie în România! Un e-veniment unic care reunește, în cele cinci zile de conferință, cei mai importanți lideri din antreprenoriat, inovație, management, media & marketing, CSR în fața unei audiențe de top management, specialiști și investitori. De peste 20 de ani, Zilele Biz este martorul tuturor transformărilor și evenimentelor economice și de business din România. Din 2002 și până azi, la Zilele Biz s-au format generații de profesioniști în antreprenoriat, management, comunicare și marketing. Zilele Biz înseamnă networking profesionist pentru participanți și conținut de calitate pentru audiență.

Spoturile legendare ale festivalului au fost realizate de directorul de creație Liviu David, de la Next Advertising.

Top Management Romania Bus, Biz 19 ani

Am marcat aniversarea a 19 ani de Biz printr-un eveniment original, care a purtat prin Bucureştiul de business echipa de jurnalişti alături de CEO, antreprenori, inventatori şi campioni, la bordul unui autobuz hop-on hop-off. Linia de business „Biz 19 ani" a pornit la drum de la redacţia revistei şi a făcut staţii pe traseu, ca să preia pasageri pentru interviuri şi şedinţe foto realizate chiar la bordul autobuzului. Am invitat interlocutorii să descopere alături de noi Bucureştiul de business şi să ne împărtăşească gândurile lor despre cum s-au schimbat capitala şi România în ultimii 19 ani, ce planuri au pentru perioada următoare şi ce se poate face pentru ca următorii 19 ani să aducă economia noastră în top.

LA PROIECT AU PARTICIPAT:

Fady Chreih (Regina Maria); Răzvan Dirațian (Avon); Shachar Shaine (URBB); Nicoleta Eftimiu (Coca-Cola); Ömer Tetik (Banca Transilvania); Liudmila Climoc (Orange); Radu Timiș (Cris-Tim); Felix Tătaru (GMP Group); Daniel Boaje (McDonald's); Camelia Șucu (ClassIN)

BIZ CEO EXCHANGE

Am convins 10 CEO de top de la mari companii din România să facă schimb de locuri pentru o zi. Să fii CEO al unei companii este o provocare uriașă. Să accepți să ocupi aceeași poziție, chiar și timp de o zi, într-o altă companie înseamnă să fii cu adevărat deschis la schimbare, dar și încrezător în experiența și abilitățile proprii. Rezultatul a fost o schimbare de perspectivă, dar și o oportunitate extraordinară de networking între cei mai importanți oameni din mediul de afaceri românesc. Concept GMP Advertising și Biz, în parteneriat cu Telekom România.

LA PROIECT AU PARTICIPAT:

Georgia Baltag, MasterCard România; Mihai Bârsan, Ursus Breweries; Călin Clej, PepsiCo; Monica Eftimie, KFC, Pizza Hut, Pizza Hut Delivery, Paul; Tudor Galoş, Microsoft România; Ionuț Gheorghe, Dacia & Renault; Raluca Kişescu, Avon Cosmetics România şi Moldova; Adrian Nicolaescu, Mega Image; Anca Nuță, UniCredit Țiriac Bank; Andreea Toloacă, Orkla Foods România

BIZ MARKETING XCHANGE

Zece dintre cei mai importanți directori de marketing din România au fost provocați să participe la un proiect inedit. Fiecare dintre ei a devenit „director de marketing pentru o zi" într-o companie dintr-un domeniu diferit de cel în care activează. Experimentul, unic pe piața românească, a fost documentat printr-o serie de reportaje video şi într-un cover story special Biz. Conceptul a fost semnat de GMP Advertising şi Biz, powered by Telekom România.

ECHIPA DE TOP MANAGERI (2010)

Lorand Szarvadi (Domo); Marco Kind (Vodafone); Florentin Țuca (Țuca, Zbârcea & Asociații); Grant McKenzie (Ursus Breweries); Mihai Rohan (Carpatcement); Bogdan Spuza (UniCredit); Cristian Ustinescu (DTZ Echinox); Dusan Wilms (METRO); Theodor Cimpoeșu (Kaspersky Lab); Călin Tatomir (Microsoft); Felix Tătaru (GMP)

Echipa de top manageri

Conduceau businessuri de zeci și sute de milioane de euro, dar se bucurau ca niște copii când se jucau cu mingea de fotbal, așteptând ședința foto care a reunit cea mai tare echipă de top manageri. Și mai interesant este că, dacă pe teren vedeam jucând 11 CEO și manageri de top de la companii importante din România, pe margine era o galerie de vreo 50 de oameni, formată din echipele lor de oameni de PR, marketing și comunicare. La fel ca la

ECHIPA DE TOP MANAGERI (2021)

Victor Răcariu (Glovo); Daniel Gross (Penny); Ştefan Iordache (Publicis Groupe România); Sergiu Neguţ (FintechOS); Dragoş Anastasiu (Grup Eurolines România); Antonio Eram (NETOPIA Payments); Marek Dolezal (PENNY); Lucian Baltaru (Sameday Courier); Rafaele Balestra (Penny); Radu Tănase (Calif); Radu Savopol (5 to Go); Alex Bratu (JYSK)

un meci adevărat de fotbal, era spectacol atât pe teren, cât şi în tribune. Cadrul neobişnuit în care a avut loc şedinţa foto şi atmosfera de echipă creată au adus un plus şi la nivel de conţinut, managerii fiind mult mai deschişi în timpul interviurilor. În 2010 proiectul a fost realizat la iniţiativa UniCredit Bank, care dorea să anunţe că devine sponsor al UEFA Champions League. În 2021 proiectul a fost refăcut la iniţiativa Penny, care a devenit sponsorul echipei naţionale de fotbal a României.

Biz 48h, premieră mondială de realizare a unei reviste în 48 de ore, într-un spațiu public

Am realizat un număr de revistă în redacția ad-hoc din mall-ul din Băneasa în doar 48 de ore, cu interviuri, ședințe foto, paginare și print. Am lucrat ziua și noaptea, când mall-ul era închis, și am reușit! Ideea s-a născut în timpul unei ședințe de redacție și în nici două luni se producea scena de mai sus. Când au sosit revistele printate, nici nouă nu ne venea să credem că reușiserăm o premieră mondială: o revistă realizată de la cap la coadă în 48 de ore, într-un spațiu public!

20 la puterea 20

Am vrut să aflăm cine sunt tinerii care privesc altfel România și fac deja pași spre următorii 20 de ani! Așa s-a născut proiectul „20 la puterea 20", inițiat de echipa Biz și Metropolitan Life, care prezintă noua generație de antreprenori, inovatori, sportivi și oameni de cultură.

Biz Brand

Biz a introdus, practic, termenul de brand în vocabularul de marketing din România, explicând în același timp importanța brandingului pentru orice business. Din 2000 am continuat să abordăm subiecte relevante din marketing și comunicare, organizăm evenimente de profil (Best Marketing, BrandRo) și dedicăm proiecte speciale brandingului și marketingului, fiind astăzi cea mai puternică revistă pe zona de marcom din România.

Biz Verde

Când despre sustenabilitate vorbeau doar ONG-urile și companiile abia începeau să se intereseze de domeniu, noi am lansat Green Biz Forum, primul eveniment dedicat domeniului, care a reușit să pună ecologia pe agenda managerilor din România. Astăzi, când CSR și ESG au devenit instrumente de business pentru companii, nu doar proiecte izolate, Biz continuă să fie în prima linie, promovând sustenabilitatea și responsabilitatea socială prin noi concepte precum Biz Sustainability Awards și dedicând domeniului CSR o zi întreagă în cadrul Zilelor Biz.

Biz Internet

Încă de la primul număr al revistei am intuit impactul masiv pe care urma să-l aibă internetul asupra lumii în general și asupra afacerilor în particular. Apoi, am arătat primii impactul blogurilor și al social media asupra felului în care brandurile interacționează cu tot mai mulți consumatori. Evenimente precum Social Media Summit și Social Media Camp și studii ca Biz Digital Report și Top Social Brands poziționează Biz în avangarda trendurilor din online.

Anuarul Directorilor de Marketing

În fiecare an, peste 50% dintre directorii de marketing schimbă compania. Pare incredibil, știm! De aceea anual facem Anuarul Directorilor de Marketing, un proiect editorial unic pe piața de publishing din România, care reunește peste 150 de profesioniști din peste zece industrii, printre care telecom, auto, FMCG, retail, farma și domeniul financiar-bancar. Anuarul cuprinde profilurile celor cei mai importanți directori de marketing ai companiilor din România, cu date despre parcursul lor profesional, experiența în marketing și brandurile coordonate.

Biz PR România

Topul agenţiilor de PR din România a schimbat modul în care sunt văzute agenţiile de comunicare. Nu este un top unde sunt premiate toate agenţiile, ci un reper al industriei. În ciuda încrâncenărilor cu care a fost primit, şi-a castigat statutul pentru ca prezintă clar 2 indicatori: performanţa de business a agenţiilor de PR şi imaginea pe care acestea o au în rândul companiilor cu care lucrează. Prima nota este dată de cifra de afaceri, profit şi feeuri, iar a doua de clienţii agentiilor care apreciază agentia care lucrează pentru ei. Studiul este realizat de compania Unlock Market Research pentru Biz.

BrandRo

Încă din 2010 Biz analizeză cele mai puternice branduri româneşti şi evoluţia lor anuală, realizând un clasament al mărcilor autohtone care s-au impus în rândul consumatorilor. Sunt brandurile ale căror poveşti de succes reprezintă o sursă de inspiraţie pentru crearea de modele autentice. Topul celor mai puternice branduri româneşti reprezintă încă o contribuţie a brandului Biz la dezvoltarea industriei de branding în România. Studiul este realizat de Biz în parteneriat cu Unlock Market Research.

Notițe

ISBN: 978-606-95413-1-9

9 786069 541319 >

Tipărit la Rotografika, prin reprezentantul
exclusiv pentru România 4 Colours